《家长阅读》丛书

帮助孩子解决社交难题

《家长阅读》丛书编委会 ◎ 编

河海大学出版社
·南京·

图书在版编目(CIP)数据

帮助孩子解决社交难题/《家长阅读》丛书编委会编. --南京：河海大学出版社，2024.5
(《家长阅读》丛书)
ISBN 978-7-5630-8965-9

Ⅰ.①帮… Ⅱ.①家… Ⅲ.①家庭教育－研究－中国 Ⅳ.①G78

中国国家版本馆 CIP 数据核字(2024)第 090009 号

书　　名	帮助孩子解决社交难题
	BANGZHU HAIZI JIEJUE SHEJIAO NANTI
书　　号	ISBN 978-7-5630-8965-9
责任编辑	吴　淼
特约校对	丁　甲
封面设计	徐娟娟
出版发行	河海大学出版社
地　　址	南京市西康路 1 号(邮编：210098)
电　　话	(025)83737852(总编室)
	(025)83722833(营销部)
	(025)83787476(编辑室)
经　　销	江苏省新华发行集团有限公司
排　　版	南京布克文化发展有限公司
印　　刷	江苏农垦机关印刷厂有限公司
开　　本	880 毫米×1230 毫米　1/32
印　　张	2.75
字　　数	60 千字
版　　次	2024 年 5 月第 1 版
印　　次	2024 年 5 月第 1 次印刷
定　　价	15.00 元

《帮助孩子解决社交难题》编委会

特邀顾问：赵忠心　赵　刚　王大龙
顾　　问：刘学东　陶美霞　郑　勇
　　　　　陈　伟　刘　群　李慧秋
主　　任：赵　云　王乃友
委　　员：(按姓氏笔画排名)
　　　　　王　娟　王清平　毛宗俊
　　　　　倪成城　张宝林　陈俊祥
　　　　　姜洪洋

前　言

家庭是社会的基本细胞，家庭承载着国家与民族的前途和希望。"天下之本在国，国之本在家""家和万事兴，家齐国安宁"。以习近平同志为核心的党中央高度重视家庭、家教和家风建设。在2018年全国教育大会上，习近平总书记对家庭教育作了"四个第一"的精辟概括。他指出，家庭是人生的第一所学校，家长是孩子的第一任老师，要给孩子讲好"人生第一课"，帮助扣好人生第一粒扣子。在2015年春节团拜会上，习近平总书记谆谆告诫大家：不论时代发生多大变化，不论生活格局发生多大变化，我们都要重视家庭建设，注重家庭、注重家教、注重家风，紧密结合培育和弘扬社会主义核心价值观，发扬光大中华民族传统家庭美德，促进家庭和睦，促进亲人相亲相爱，促进下一代健康成长，促进老年人老有所养，使千千万万个家庭成为国家发展、民族进步、社会和谐的重要基点。

2021年10月23日，第十三届全国人民代表大会常务委员会第三十一次会议通过了《中华人民共和国家庭教育促进法》(以下简称《家庭教育促进法》)，标志着家庭教育真正地由"家事"变成"国事"。

认真学习习近平总书记关于家庭教育的系列重要讲话精神，全面贯彻落实《家庭教育促进法》，进而实现中华民族伟大复兴的中国梦，是我们编纂《家长阅读》丛书的初衷。

坚持科学性、知识性、趣味性，立足高品位，弘扬正能量，博采天下家教精华，读者朋友喜闻乐见，成为"家长的益友，家教的良师"，是《家长阅读》丛书的编纂宗旨，也是《家长阅读》丛书不懈追求的目标。

家庭教育是一切教育的基础。家庭教育决定孩子的未来。走进新时代，如何做一名合格的家长，是每一位负责任、有担当的家长不能回避的问题。

为国教子，是新时代家庭教育的价值取向。坚持为家教子与为国教子的有机统一，坚持个人成长与社会进步的有机统一，万户千家共同发力，各方能量竞相叠加，才能形成民族前行的磅礴之势。

立德树人，是新时代家庭教育的核心要义。家长要善于掌握规律，科学育德，灵活育德，根据新时代儿童成长特点，培养孩子高尚的操守和优秀的品格。

以身垂范，是新时代家庭教育的基本方法。家长要秉持正确的世界观、人生观、价值观，谨言慎行，防微杜渐，言传身教，做好表率。

本套丛书的编纂工作，得到河海大学出版社的鼎力支持，国内著名家庭教育专家赵忠心、赵刚、卢勤、王大龙等老师也倾力相助，在此谨致衷心的感谢！

《家长阅读》丛书编委会

目 录

第1章　家教视点 ······················· 1
提升孩子社交能力的20个建议 ········(赵　刚)1
让友谊的灯塔照亮孩子璀璨的人生 ·····(蒋建飞)5
孩子交往方面的问题及对策 ··········(房元品)9
帮助孩子远离社交焦虑 ··············(仲启新)15
激励孩子攻克社交难题 ··············(朱红昆)19

第2章　家教论坛 ······················ 23
家长开的"三替公司"应该早点儿关张 ···(赵忠心)23
孩子不可"惯养" ····················(左宪法)25
使用3F法则搭建亲子沟通的桥梁 ······(张小燕)27
家庭教育要讲究方法策略 ············(张佑高)31

第3章　学法崇德 ······················ 34
引导孩子诚实守信亲力亲为 ··········(起　新)34
给孩子戴上安全头盔,这是最好的爱 ···(小　陈)37

第4章　家教故事 ······················ 39
劳动方知饭菜香 ····················(徐　新)39

第5章　学前教育 ······················ 41
培养幼儿良好的文明礼貌习惯 ········(徐　芹)41
陪儿子听吴晶的故事 ················(晓　华)45

第6章　家庭生活 · 49
　　家和万事兴 · （纪效成）49
　　和儿子视频聊天 · （洪　昆）52
　　"不礼貌"的害羞 · （张　红）55

第7章　灯下夜话 · 58
　　自信本身就是一种魅力 · （邱俊霖）58
　　插上幻想的翅膀 · （庄　斌　陈彬铨）61
　　剥了蟹壳才有肉 · （李良旭）64

第8章　家教文萃 · 66
　　不是学的东西越多越好 · （廉福录）66
　　教育不是让孩子"听话" · （鲁庸兴）67

第9章　忘年文苑 · 69
　　河下的韵味 · （张顺志）69
　　"酒肉朋友" · （孙盛元）72

第10章　教师手记 · 74
　　关爱学生就是多为学生着想 · （杨培银）74

第11章　他山之石 · 77
　　费曼和他的父亲 · · · · · · · · · · · · · · · · · · · （王玲摘自《费曼自传》）77
　　逼着孩子学习不如让他会玩 · （张　静）80

第1章 家教视点

学会社交,是每个人都需要认真对待的问题。青少年时期是人生发展的起步阶段,培养孩子的社交能力,也是一项基础工程,只有学会互相尊重、理解、信任和建立友谊,孩子们才能在以后的人生道路上成功地应对各种挑战,把握发展机遇。如何把孩子培养成"与社会打交道的人",是摆在广大家长面前不可忽视的问题。本栏目为此特邀相关专家学者探赜索隐,条分缕析,提出他们的真知灼见,希望能给广大青少年家长有益的启迪。

提升孩子社交能力的20个建议

人有自然与社会两种属性。自然属性与其他动物大致相同或高度相似;社会属性是指人与人之间构建了广泛而复杂的社会关系,而构建这种关系的能力也就是人和人之间生命质量的差距,因此马克思把人的本质定义为一切社会关系的总和。人是一种社会性动物。人的成长过程就是一种接受环境熏陶、人际关系影响、主动习得生产生活技能的社会化过程,社会交往能力就是一个人社会化水平的重要体现。

有人说现在的孩子挺可怜,农村孩子缺父母(指留守儿童),城里的孩子缺伙伴。虽然三胎政策出台,但引导孩子如何与人相处成了当下家长们关心的热点难点问题。每个生命都是渺小的,要生存下去,就要学会人际间的互助,构建良好的人际关系。孩子出生,就与父母和长辈形成血亲的亲子关系;走向社会,选择配偶建立家庭就形成了亲密关系,生儿育女之后又出现了亲子关系,这些都属于家人关系。在社区与职场等场合中就产生了社会关系,与邻居有亲邻关系,与同事、朋友有了亲朋关系。这些关系的水平,就是一个人的人生质量的具体体现。能与血缘关系以外的社会人群交往,难度和复杂程度更高,这个能力的高低,更体现出家庭教育的水平,这也正是家长所苦恼的、子女成长的重点与难点。培养孩子的社交能力,涉及因素颇多。在此,我提出20个建议,仅作参考和提示:

1. 鼓励孩子交朋友,家庭应成为孩子交友的首选场所。

2. 尽量创造让孩子单独处理家庭之外事务的机会。

3. 在家里让孩子多说话,对孩子的建议,家长不轻易做出对错评价。

4. 多与孩子走出家门,创造人际互动的机会。

5. 遇到陌生人,尽量让孩子先与其交流。

6. 陪同孩子购物,多让他提出购买建议,鼓励孩子与商家交流,讨价还价。

7. 鼓励孩子多到小朋友家做客。根据场合不同,做好穿戴、礼仪方面准备,尽可能带点礼物。

8. 关注孩子人际交往的用语,纠正其不良行为,最好事后进行指导,尽量不在大庭广众之下批评孩子。

9. 让孩子找出同伴的优点,平时在孩子面前少谈消极的话题,少用贬损性的语言。

10. 对帮助过孩子和家庭的人,尽量让孩子出面去感谢、问候,使之形成生活的习惯。

11. 鼓励、支持孩子定期参与社团活动,尤其要鼓励孩子参与体育或艺术类活动和学习。男孩至少有一项体育特长,女孩子至少要通音律。

12. 对孩子积极参与社区服务与志愿活动的行为,要给予赞赏和鼓励。

13. 让孩子关爱小动物,同情弱者,培养孩子的同情心和善解人意的能力。

14. 学习礼仪类的培训课程,有条件的可以付费学习,对女孩子的社交能力培养更有必要,也很重要。

15. 开展家庭食育,教给孩子烹饪的技巧。这个技能不仅个人生活需要,对结交朋友、扩大人脉更为重要。

16. 鼓励孩子参选、担任学校、社会一些公共职务等,这对人的社会化很重要。

17. 对孩子同伴间的"冲突",尽量不做是非评判,更不能用成年人的标准看待孩子的社会交往行为。

18. 关注孩子同伴的家庭状况,力避与家风不好人家的孩子为友。

19. 不宜过多询问或介入孩子的社会交往,孩子出现人际交往的困惑时,宜多鼓励,提供建议。

20. 家长应知道懂分享、乐助人、善幽默、有同情心、守信誉、会沟通,是考察孩子社交能力高低的六个重要指标。

　　以上提示,或许有一个适用于你的家庭教育。每个人不同,需要找到适合的、有效的办法,这对孩子的人生非常重要。2021年10月23日,全国人大通过了《中华人民共和国家庭教育促进法》。当天上午,《学习强国》平台配合宣传,转发了几篇相关文章,我在《教育家》杂志发表的"教子要有平常心,教育需要大胸怀"被选用。我们今天教育孩子的目的是什么?我认为,这个问题其实既复杂又简单:首先培养孩子能活着的能力,进而引导他能活好。能活着,就是能自食其力,走向社会,既能养活自己,又能供养自己建立的家庭。但当今许多家长认为孩子只要有好文凭,就能有好未来,就能活好、活幸福,但忘记了一个人社会能力的培养,因此造就了一批智商高情商低、会做题不会做饭的人。当下许多有着高学历却"啃老躺平"的子女就是现实的写照,这样的孩子谈何美好未来。记得2021年11月新闻登出一个叫魏永康的人38岁去世的消息。他之所以能上新闻,因为他20年前是有名的"东方神童":3岁认识近两千汉字,8岁学完初中课程,9岁被当地重点高中录取,13岁考入湘潭大学物理系。大学四年母亲陪伴,包办他除学习外的一切事物。17岁考入中科院硕博连读,由于没有母亲陪伴,他个人生活与社会能力低下的问题全面暴露,硕士论文都难以完成,被学校劝退。回家后的魏永康与家人关系不断恶化,职场上找工作连连失意。其母亲不得不对儿子进行第二次教育:生活能力的教育、社会交往能力的教育。郁郁寡欢的他,38岁便早早因病离世。这个事例说明,只注重生产技能,忽略生活、社交能力培养的教育是非科学的教育,培养出的人不仅是家庭的悲哀,更是我们民族与国家的不幸!

(赵　刚)

让友谊的灯塔照亮孩子璀璨的人生

当今社会高速发展,可谓日新月异,瞬息万变。这就意味着国家迫切需要能适应社会发展的大批人才。我想,这些人才不仅需要有高尚的道德素养、广博的知识和专门的技术,还需要有足够适应社会的交际能力。

如何把孩子培养成为"与社会打交道的人",已然是摆在家长面前一个不可忽视的课题。青少年时期是人生发展的基础,培养他们的社会交际能力,也是一项基础工程,它应伴随着孩子其他诸方面同步进行。

就青少年的特点而言,他们已进入了"伙伴年龄",需要社会交往,特别看重伙伴关系。但是,一些心理障碍又妨碍了他们与别人沟通。因为,他们不善于交际,既抱怨父母对自己冷漠,又厌恶他们"关心过度"。有时,他们需要独立,便会顶撞父母,以期摆脱对父母的依赖,渴望向外发展,冲破"小圈子",拥抱崭新的生活。有时他们自命不凡,有时他们又极度自卑……他们的交际情绪,往往大起大落。这不仅需要学校老师的正确引导,还需要家长的循循善诱,雕塑好他们的性格和人格。作为现代家长,更应为自己的孩子创造社会交际的有利条件,让其正确认识置身其中的大千世界,从而建立起和谐的人际关系,让友谊的灯塔照亮孩子璀璨的人生。

友谊之灯,需要不断擦拭,方能愈发明亮。

"这些年,一个人,风也过,雨也走,有过泪,有过错,还记得坚持什么……"每每听到周华健的这首《朋友》之时,你是否依然会激情澎湃？是啊，孩子虽小，但社会很大！因此，家长应当自孩子小时便积极培养其交际能力，帮助他们学会正确的社会交往。

友谊就像一盏明灯，怎样才能使它常照人心呢？例如，在交际语言方面，家长就应教育孩子，可根据不同情况，使用不同的礼貌用语：您、请、谢谢、对不起、没关系等。此外，家长还要引导孩子尊重所交往的对象，了解其性格、感情、爱好、习惯等，采用恰当的交际对话方式。

青少年喜欢交友，但由于其年龄较小、经验不足等方面原因的制约，交友之道并非人人都能掌握。心理学家们的研究表明，越是性格外向者，越喜欢交友；越是性格内向者，越喜欢独处。但即便是性格内向者，他们也希望拥有自己的知心朋友。

就我的长期观察和个人经历来说，我发现如下几种人更容易交往到知己益友：

1. 包容大度，具有较好的合作性，能体谅他人的人。
2. 乐善好施，富有同情心和正义感，可给予他人一定帮助的人。
3. 热情坦率，对人信任，愿意与人聊心里话的人。
4. 活泼开朗，不怨天尤人，对待生活积极乐观的人。
5. 谦逊温和，能正确认识自己，待人不卑不亢的人。
6. 珍视友情，考虑问题比较全面，以大局为重的人。

友谊之花，需要精心培育，方能愈发娇艳。

俗话说："赠人玫瑰，手有余香。"高尔基也曾说过："'给'永远比'拿'愉快。"我们要想在人际交往中获得真正的友谊，就不能一味"拿取"，而忘却了可贵的"给予"。例如，在行动方面，家长就应引导孩子主动关心他人，帮助别人做一些力所能及的事，排忧解难。

"风声雨声读书声，声声入耳；家事国事天下事，事事关心。"在当今社会，家长还要支持、鼓励孩子积极投身社会活动。我们不应将孩子长期封闭在"鸟笼里"，应当给他们创造契机，让他们主动参加健康有益的社会实践活动。当然，对此家长必须晓之以理，动之以情，导之以行。

在这一过程中，家长还必须注意孩子的情感变化，采取切实可行的措施：家长要甘作孩子的表率，使孩子耳闻目睹，潜移默化。家长要甘做孩子的助手，教给孩子互相协商、尊重他人的方法，帮助孩子正确地对待自己和他人。家长要给孩子创设交往情境，积极引导孩子体验生活。譬如，让孩子逢年过节带一些礼物慰问福利院老人，帮助老人们做些力所能及的事，让孩子在活动中感受到社会责任，体验分享的喜悦。

友谊之墙，需要耐心维修，方能愈发坚固。

诚然，朋友之间的友谊，是人生最美好的情感之一。它能使人获得丰富而深厚的情感体验，促人形成积极向上的生活态度，增添前进的勇气和信心。然而，青少年交友务必慎重。什么是"好事"，什么是"坏事"；什么是"好人"，什么是"坏人"，这些观念往往离不开具体的事情和人物。因为孩子年龄小,认知能力有限,所以家长要学会从正面积极引导他们,让其在社会交往中辨别真善美与假丑恶。

在孩子的社会交往中,家长既要注意发挥孩子的主观能动作用,又要注意引导孩子正确处理遇到的人和事。首先,我们应该引导孩子学会进行类比,优选结交的对象。同时,家长对自己孩子的人际交往要时常"敲警钟",要禁止孩子拉帮结伙,结交"酒肉朋友"等。此外,家长与孩子还可以通过一起观看电影、电视等,对其中的人物和事件进行评判,使孩子从中受到教益,从而悟出选择益友交往的益处。

友谊之所以有其独特的魅力,还因为它纯洁而高尚。然而,在现实生活中,却有一种以"江湖义气"为重的交往,由此而形成不分是非、不讲原则的"友谊",正如鲁迅先生所说,"骗子有屏风,屠夫有帮手,在他们之间,却也叫作'朋友'的"。这种交往,不过是个人私利的结合。这些人在"友谊"的空虚外壳下,往往沆瀣一气,常干污染灵魂甚至违法犯罪的勾当。因此,家长一定要告诫孩子,千万不能交这样的朋友。

事实上,孩子在社会交往中,不会总是一帆风顺,其间或有成功的喜悦,亦会有失败的烦恼与困惑。对此,家长一方面可以让孩子谈谈交往的喜与忧,一方面向邻居、老师、同学等人调查了解孩子的交际情况,然后采取行之有效的方法。大家反映良好的,要适度表扬;别人反映较差的,要帮其找出原因,正确引导;问题严重的,还应借助于学校、社会的力量进行教育,使其尽快走上正确的轨道。

(蒋建飞)

孩子交往方面的问题及对策

与同学相约,在春光里来一次踏青;遇到难题,与同学交流讨论;同学有困难与烦恼,真诚地安慰与谈心,等等,无论以何种方式,无数根生活的线条总有交织的那一刻,而交织的瞬间便是社会交往。

孩子的社会交往方式可能比较简单幼稚,但这都是日常生活和孩子成长不可缺失的重要组成部分。

在孩子的生活交往方面,有一些常见的现象值得我们注意。

一、孩子沉迷于手机和网络无暇社交

孩子迷恋手机和网络在现代家庭中比较常见,孩子一般在作业后、晚饭后、睡觉前、无聊时这些时间段马上就会想到手机。他们迷恋于手机和网络的世界,无心学习,更无暇和伙伴交往,这对孩子的身心也有一定影响。

孩子迷恋手机和网络的原因很多。孩子缺乏自控能力、缺乏有秩序的作息安排、父母在家频繁使用手机等都是重要原因。如果父母经常在家里打电话、发短信、玩微信,或者打游戏、看电影,那么多半孩子也会对手机产生兴趣并希望从手机中获得满足。

还有一个重要的原因是孩子没有获得足够的陪伴。现今孩子因为缺少玩伴,在很多时候他们都是一个人玩,如果家长忽视了陪伴孩子玩乐与分享,那么很容易导致孩子心灵上产生孤独感。从他们口中我们经常可以听到"好无聊""没人陪我玩"之类的话。他们需要借助其他事物来获得心灵补偿，零食、手机、网络便成了他们最好的陪伴者。

二、孩子"宅"家不出去社交

有些孩子，放学以后就"宅"在家里，有的孩子在节假日甚至一天都不出门。

起初，家长可能是因为不放心孩子独自出门，就把孩子关在家里；后来，孩子就慢慢习惯了"宅"的生活，成为喜欢"宅"的孩子。喜欢"宅"的孩子可能已经没有太多的朋友，已经不愿意主动与人交往了。

作为父母，我们要思考，孩子小的时候，主动要跟着父母出去时，我们有没有予以支持和鼓励？有没有为孩子创造一些与同学交往的环境？有没有鼓励孩子积极参加学校组织的各项活动，使孩子更多地融入集体中去？

三、父母不让孩子出去社交

父母不让孩子出去，考虑的当然是孩子的安全。父母思考问题的出发点就是对孩子的安全负责。孩子跟同学出去玩，父母会看你是和几个同学一起出去、全是女生还全是男生、是同学还是朋友、可信度高不高、能不能互相依靠、几个人是不是都品行端正，等等。而且许多负面的案例更是为家长的担心提供了证据，谁都希望自己的孩子不要出什么意外，父母的愿望可以理解。

作为父母，在考虑安全的同时，有些问题还要去深入思考。在合理担忧孩子是否会受伤害的同时，需要考虑如何安全地出去玩，并与孩子达成共识。父母与孩子协商出去玩的计划，知道孩子何时在哪里、跟谁一起玩以及何时回家等详细信息。同时，对孩子提出要求：不要去危险的地方玩，不要和陌生人玩，不要去太远的地方玩，一定要按时回家。万一迷路了，要学会找人帮忙联系父母，记住自己家里人的联系电话,遇到困难时,随时和父母联系。还可以给出一些补充条件,例如有成年人陪同或者只在特定地点玩等,这可以让父母放心并感到更加安全。

父母还应充分认识到同伴户外活动对于孩子的健康和成长非常重要,例如尽情呼吸新鲜空气、锻炼身体,并可能结交新朋友等。由此,父母就会意识到,到户外集体活动可能是让孩子更加健康和快乐的一种方式。

四、孩子不愿意和人社交

有些孩子会对与人交流感到困难或不愿意主动与他人交流,这给他们的成长和社交能力发展带来了一定的挑战。作为家长,我们要采取一些方法来帮助他们解决这个问题。

孩子不愿意和别人交流,可能是因为羞怯、缺乏自信或害怕被拒绝,也可能是因为外界信息的干扰。一些孩子第一天上学乐乐呵呵,第二天早上就不愿意去了。家长可以问一问孩子第一天感觉如何,有没有认识新朋友,他们对你说了什么做了什么,通过对孩子社交信息的了解去分析原因,找到问题根源所在。另外,孩子可能还面临语言能力不足、社交焦虑或过度依赖家人等问题。

作为父母要考虑,有没有为孩子创造积极的交流环境,在交往中给予孩子适当的鼓励?父母要与孩子一起进行模拟对话、角色扮演,帮助孩子学习如何与他人交流。在孩子取得进步时,父母要给予充分的鼓励和认可,让孩子感到成功和受到重视。

以上问题,都可以在孩子学习交往中得到解决。那么,如何培养孩子的交往能力呢?

一、社交意识启蒙

家长对于孩子的社交教育应当从意识启蒙开始。孩子不愿意与人交往的原因大多是因为他对于社交没有好的印象。只有先对社交树立一个好的印象,有了愉快和成功的喜悦,孩子才能不抵触社交。

家长要帮助孩子建立良好的社交观念,即社交对人是有帮助的,人们需要社交。家长可以策划一场孩童们的社交,邀请其他同学来家里玩,或者几家人带着孩子一起出去郊游,让孩子感受到社交是有趣的,有意义的。家长要主动以身示范,给孩子形象直观的展示,给他们一个良好的社交意识启蒙。

作为父母,当孩子还小,愿意跟着父母出去交往时,一定要多带孩子参加一些活动、聚会,让孩子习惯并喜欢与别人接触和交往。

要注意克服孩子的胆怯心理。有些父母一向对孩子过于严厉,或是对孩子过于保护,都会使得孩子在陌生场合紧张、无所适从。所以,父母在平时不妨多给孩子一些自由,多带孩子到人多的场合或陌生的场合,鼓励他们主动接触一些人或主动处理一些事,逐步培养孩子说话的胆量和与人交往的能力。

二、社交方法指导

孩子不愿意社交也有可能是他缺少社交的方法,或在社交中受挫。针对这种情况,在带着孩子进行社会交往时,家长可以引导孩子掌握一些社交的基础规则与方法,主动给孩子普及相应场合的交际礼仪,比如带着孩子回老家时,教给孩子主动向长辈打招呼,要有礼貌;在孩子们玩游戏时,要注重分享礼让,享受游戏乐趣;孩子在公共场合,要多倾听,尊重他人,不做损害他人的事情。

要积极教给孩子交往的技能,使孩子学会采用恰当方式解决交往中的问题。比如,友好地与同伴交谈,更多地注意他人的长处而不是缺点;乐于帮助遇到困难或缺乏经验的同伴;在交往中既能积极地提出建议,又尊重别人意见,不强迫别人接受或服从;在交往中,学会懂礼貌、会合作、会分享和守规则。

提升语言表达能力。语言表达能力是孩子之间交流沟通的关键,父母可以通过阅读故事书、讲故事、玩角色扮演游戏等方式来提升孩子的语言表达能力。同时,可以鼓励他们参与讨论,锻炼他们的社交技巧,培养他们的自信心和表达能力。

三、创造社交机会

父母不能强迫孩子去社交,但是可以为孩子创造更多的社交机会。父母可以多带孩子去别人家做客,如果别人家里也有小孩的话,就可以借此机会指导孩子和别人交往,让他慢慢适应和接触其他人,更快地提高孩子的交往能力。可以给孩子一些简单与人交往的任务,比如定期了解同学、同伴父母的职业、特长、家庭情况等。经常组织孩子的同学以家庭为单位进行聚会或郊游,为孩子创造与同学相处的机会。

鼓励孩子主动参与学校和社区组织的各项活动,积极参与团队合作,使孩子更多地参与到集体活动中去,培养孩子与人沟通和合作的能力。假期可以给孩子报名参加一些户

外的夏令营、冬令营活动,在锻炼能力的同时,也可以让孩子交到新的朋友。

四、家长做好榜样

家长是孩子的榜样,父母要以身作则,展示积极的人际交往方式。在孩子面前展示友善、大方、尊重他人的态度,让他明白交际的重要性和积极性。同时,我们也要引导孩子正确处理人际关系,教会他与他人分享、倾听和关心他人的能力。

"低头一族"的家长,一定记住不要在孩子面前沉迷于手机,而应放下手机,多看看书,和家人谈谈心,和孩子下下棋、聊聊天,或是一家人出门散散步,这些都是健康的生活方式,更有利于孩子成长和交往能力的形成。

五、鼓励孩子的每一点进步

父母及时发现孩子的每一点变化:课堂上勇敢地举手发言,第一次主动与老师打招呼,热情邀请同学来自己家做客,向一个陌生人微笑致意,购物时学会询问情况……所有这一切,你要随时看在眼里,记在心里,并持续不断地予以鼓励。如此坚持下去,你一定能看到孩子的良好表现。

在培养孩子交往能力的过程中,要多用榜样、说服、鼓励的方法,坚持从正面向孩子讲道理,进行引导。不能采用威胁恐吓、哄骗利诱、讽刺挖苦,甚至体罚等方法,这会给孩子身心成长带来创伤,不仅不能培养良好的社会交往能力,反而适得其反。

为了孩子的成长,家长们应该寻找更科学的方式,在孩子成长的关键期提供帮助。

(房元品)

帮助孩子远离社交焦虑

经常听到身边同事讲,自家的孩子不善于社交,放假回家,整天窝在家,除了上厕所时间,基本上都待在房间,在房间里的大部分时间则是躺在床上。作息时间是每天晚上12点前不睡,第二天白天中午12点前不起。因为大人要上班,老少作息时间不一致,孩子的一日三餐没法准备,孩子就点外卖吃,连吃饭都在房间里解决。同事表示,这情况真是让人发愁,管又不好管,不管吧,又担心孩子的身体出问题。

还有一些同事的孩子,都已经上班工作了,社交圈子还是很小;或者基本上不社交,下班就回家,抱着手机、电脑,一个人玩得不亦乐乎。工作成绩平平,家长想再引导他一下,要求他积极上进,孩子表示,自己这样挺好,自己玩自己的,不打扰人,也不和别人争,做好自己就行。

有一孩子甚至用"先苦后甜"来形容现在的生活,表示,在高中之前,时间全用在学习上了,现在要享受一下了。

作为家庭,甚至是社会,我们应该反思我们的教育方法了,今天不愿意社交的孩子,实则是我们昨天教育方法不当结下的果。现在我们家长意识到了问题,再想去引导孩子,因为孩子行为、习惯、思维及三观均已经形成,你让孩子一下子怎么能走出去?孩子虽然身在社会中,但是思想已经和现代社会脱轨,现在再要求他们立即重新融入社会,是有点难度的,一是孩子没有朋友,二是孩子没有爱好,三是孩子没有习惯。

要想解决这三个问题,我们的广大家庭要继续加以教育和引导,让孩子走出去,结交几个朋友,拥有几样本事,增强孩子的自信心,成为一个合群、活跃、自信心满满的孩子,这些特质将影响其一生的工作、学习和生活。

在科学技术日新月异的今天,没有人能够一下子就能把知识全部超前弄懂、学透、掌握,我们需要终身学习。学习是一场长跑,需要的是耐力和持久的兴趣。作为家长,在孩子学习初期,不能采取填鸭式强灌硬塞。孩子出了学堂,再赶紧前往补习班,休息日和假期,孩子不得不继续上课。事实上,这些补习班,并没有起多大的作用,却能带来很大的后患,那就是高强度的学习,剥夺了孩子的童真、快乐,让孩子早早就对学习失去了兴趣。考上了大学之后,家长在短时间内基本再无要求,学校也没有初高中时的追求升学率那样严格要求了,一切靠自觉。这些学生在儿童青少年时代是在父母和学校的高压下学习的,本就没有形成良好的主动学习的习惯,一进大学,就彻底地松懈了下来,成绩往往大幅下滑。这也是一部分大学生进入大学后,不再有学习激情的主要原因。

少年时代的高强度学习,让孩子没有时间去接触社会,没什么爱好,对生活没有激情,没有多少朋友,加上游戏机、手机等电子产品让老少沉迷,更切断了孩子们通往现实社交

的通道,沉迷于网络虚拟世界。在网上,网友都是美颜过的,个个都美若天仙;网友的歌声都是经过处理的,甚至是对口型,都是歌星级别;网络里的网友都是隐藏了阴暗的一面,展现的都是美好的,而现实,不是这个样子。网络与现实的反差,也让一些孩子彻底把自己包裹起来,不愿意以真实示人,越发沉浸于自己的小空间。

广大家长在家庭教育中,一定要眼光放长远,不急于一时,在孩子儿童青少年时期,注意孩子的融入能力培养。随着二孩三孩时代到来,一个家庭里将有两个以上的孩子,孩子的孤独情况会大有改观,就是这样,我们也要主动放下手机,少上网,抽出专门时间,带孩子出行、出游,开展线下活动,为孩子创造户外团队活动的机会,让孩子多多接触外面的世界,在五彩缤纷的外部世界中获得快乐,从而让他们喜欢这个世界。

同时,也可以根据孩子的爱好,给孩子选择球类、游泳、乐器、书法和手工等兴趣课。家长不要期望过高,不要指望孩子将来能成为运动员或是音乐家,就当是一个爱好,让孩子在没有压力的快乐状态下学习。有一两个爱好,好处多多:一是能提升孩子的自信心,技多人自信;二是有了这些爱好，让自己有了魅力，身边就能吸引一些朋友；三是有了爱好之后，容易在身边找到志同道合的朋友。这些好处，归结为一点，就是能让孩子身边的朋友多起来。身边有了朋友，人就容易走出去和他们交往，防止孩子自我封闭的情况发生。当然，最重要还是因为有了爱好，心中有了种种念想，想要把这些事情做好，就会去用心做，再大的困难也不怕。个人的心理素质和精神状态直线上升了，受到挫折时，就会想到，生活中还有值得自己牵挂的人或事，因为有了付出，所以舍不得放下，人就有了奋斗的勇气，就有了社会责任感。

还有，要想孩子走出去，交朋友，我们家长也要经常给孩子制造一些小麻烦和问题。对生活中遇到的困难，我们家长不能大包大揽，要学着放手让孩子自己解决，甚至鼓励孩子向有能力解决问题的小伙伴求援，小伙伴帮助解决问题后，可以引导孩子感谢小伙伴的帮助，让孩子把自己喜爱的一些玩具、图书等与好伙伴一起分享，也可以邀请伙伴一起野炊。这样，一来二去，就为孩子们之间的友谊搭建了桥梁。所有的友情和感情，都是互相麻烦出来的，你麻烦我，我麻烦你，有问题，才有帮助，才有交流，才能增进友谊。

社交焦虑综合征在现代人身上普遍存在，但是我们有无数打开社交焦虑综合征这把锁的钥匙，比如爱心之钥匙，本领、责任之钥匙等等，都能开启我们融入社会的崭新征程，并爱上这个社会，体验到这个世界的美好，为她更加美好的明天奋斗。

（仲启新）

激励孩子攻克社交难题

说到"社交",我就不由想起小平同志的一段往事:1988年,菲律宾总统阿基诺夫人访华,谈到南沙问题时,她尖锐地强调:"至少在地理上,那些岛屿离菲律宾很近。"小平同志云淡风轻地说:"在地理上,菲律宾离中国也很近。"多么大快人心的睿智回复!设想,如果是一位社恐人士,能做到这一点吗?

社交,从大了说关乎国家的尊严,从小了说关乎个人的发展和身心健康。

曾经有个段子,有人很费解地问其功成名就的企业家朋友:"你那儿子又不喜欢学习,你硬把他朝贵族学校塞干啥?钱多没处花不如送我咯。"企业家笑着答:"那小子学习?哼,我要的是那个朋友圈子。"这从侧面说明了社交的重要性。另外,积极的社交有益身心健康,有助于获得更多的幸福感。

社交如此重要,可是偏偏有些孩子在社交上存在一些问题,作为家长该怎么帮助孩子呢?也许可以试着从以下几个方面着手。

第一,弄清楚孩子出现社交问题的原因。

我们可以通过和孩子开诚布公谈心、通过平时的观察、通过和老师沟通,多管齐下,弄清孩子出现社交问题的症结所在。对症下药,方能药到病除,这一条很重要。

仔细分析归纳起来,主要原因不外乎这几个:性格孤僻胆子小、骄傲自大、个性太强、自理能力太差、缺乏安全感、与外界接触太少、不知道如何进行社交。

第二，有的放矢，帮助孩子清除社交障碍。

对于孤僻、胆子小的孩子，我们要付出更多的爱心和耐心，多些陪伴和鼓励，多带他出去和性格阳光的孩子玩，尤其要给他营造一个温馨和睦的家庭氛围，毕竟孩子在家庭中的时间最长，受到家庭的影响也最大。

我家孩子小时候就有些孤僻、胆小，感觉他像一只易受惊的小鸟儿，所以我们就竭尽所能用爱去包裹他，让他感受到春天般的温暖。我们似乎从未在他面前吵过架，对于他的耐心更是超乎寻常。

为了让孩子变得开朗大方，我们起初是从拿牛奶锻炼他的。马爷爷在楼下看车棚，同时对外订牛奶。我们先做好儿子的思想工作，承诺只要他去拿牛奶，就奖励他一直向往的奥特曼大机器人。然后，带着他去拿牛奶，示范给他看，告诉他要怎么打招呼怎么做。最后还拜托了马爷爷多夸夸孩子。

事情很成功，孩子第一次拿了牛奶回来之后，眼睛中兴奋快乐的光芒至今依然在我眼前闪耀。奖励当然必须兑现，此外，我们还给了孩子大大的拥抱和高度的表扬。后来，我们还用同样的方法锻炼他去小区门口的小店买东西、去小区内小菜场买青菜。经过不懈努力，孩子越来越阳光，初中时还被学校评为"阳光少年"。

对于骄傲自大、个性太强的孩子，可以采用讲故事的形式展开教育，让他懂得天外有天，人外有人，懂得谦让，孙悟空翻不出如来佛的手掌心、孔融让梨等等故事都是很好的选择。另外，可以给他在生活中制造一些失败，也可以带着他和比他更优秀的孩子交往，挫败感有利于他的成长。我家孩子小时候下棋输了就要哭，我们就故意让他输，让现实告诉他"强中自有强中手"。

对于自理能力太差、缺乏安全感的孩子,家长得更多地从自身找原因,并着手改变。前者可能是我们包办太多,剥夺了孩子锻炼的机会。后者有可能是我们对孩子有所忽略,没能让他们感受到浓烈的爱。比如说当着孩子的面大吵大闹,家庭中火药味浓烈,又或者是生活中对孩子缺乏关爱。

第三,帮助孩子夯实良好的社交基础。

1. 我们要鼓励孩子多说话、敢于表达自己,爱说话的孩子人际交往能力往往强于不爱说话的孩子。

2. 培养孩子成为优秀的人,让其变身吸引人的小太阳。

教孩子学会尊重、信任他人,引导孩子积极主动帮助他人,让孩子学会谦让、包容、分享,甚至可以经常给孩子念叨一些诸如"吃亏是福"之类的箴言。这些不但有益于孩子的社交,更有益于孩子的人生。教导孩子积极进取,在取得良好成绩的同时,培养各方面的兴趣爱好。"花若盛开,蝴蝶自来",优秀的孩子,不愁没有人来主动交往。

3. 经常带孩子出去走走。

这个"走"包括两方面,一方面是去亲朋家做客,或是带孩子参加一些集体活动(我们曾经带孩子参加扶贫活动,我觉得很有意义),让孩子融入人群,逐步培养锻炼社交能力。另一方面是带孩子走入大自然,让大自然的花草树木陶冶孩子的情操,这样,孩子的心会变得活泼、温暖、细腻,因此更加热爱生活,乐于与人交往。

4. 教给孩子一些基本的社交技巧。

社交基本技巧对于建立积极的人际关系和在不同社交场合中获得成功都是至关重要的。孩子通过不断练习和反思,可以逐渐提高这些技巧的运用水平。我们可以重点教给他们以下这些常识。

告诉孩子与人交往时一定要态度谦和、友善、有礼貌，见面时说"你好"，分别时道"再见"，受到别人帮助要真诚表达谢意，这有助于赢得他人的尊重和好感。

告诉孩子要目光坦诚地平视他人，不要躲闪，适当的眼神交流，有助于建立信任和连接感。

告诉孩子要耐心倾听，不要打断别人的话，那是不礼貌的。而且，积极倾听可以加深理解，展现出你对对方的关心。

告诉孩子要学会使用简洁而清晰的语言，诚恳地表达自己的需求和感受，这是良好社交的基础。

告诉孩子养成及时回应的习惯。及时回应信息和邀请，显示你重视与他人的联系，也显示出你是一个靠谱的人，有助于维系和加强社交关系。

告诉孩子与别人发生矛盾时要冷静，要就事论事寻找解决问题的方法，而不是陷入争吵。对于非原则性的问题，可以让一让，"退一步，海阔天空"。

第四，积极和老师联系，家校合作。

孩子在学校的时间是很长的，家长通过和老师的沟通，可以全方位了解孩子存在社交难题的症结所在，从而有利于家校合作，有效帮助孩子解决面临的问题。

第五，当孩子取得社交进步的时候，及时奖励。

清朝思想家、教育家颜元说过："数子十过，不如奖子一长。"意思是说，数落孩子十个错，其作用不如赞美、奖励孩子一个长处。适时有效的奖励，其作用之巨大，是超出我们想象的。

社交需要艺术，也关乎人品。希望通过我们全方位的努力，能够帮助孩子解决社交难题，让每个孩子都成长为社交小能手。

（朱红昆）

第 2 章 家教论坛

家长开的"三替公司"应该早点儿关张

家庭本来应该是孩子走向社会,走上独立、自主、自立道路的"演习场",家长应该是孩子走向社会的引路人。

然而,很多家长根本没有这种意识,认为家长的全部任务或唯一的任务,就是抓孩子的智育,学习知识,从来就没有把培养、训练孩子的独立、自主、自立意识和能力当一回事。

很多家长就像是王朔的电影作品《顽主》中的于观等三个待业青年那样,开办了一个服务周到的"替人解难、替人解闷儿、替人受过"的"三替公司",大事、小事、琐碎事,事事都替孩子做,完全是默默地尽心尽力地包办代替,从不让孩子自己动脑、动手,怕孩子分心,影响文化学习。

孩子还小的时候,家长必须代替孩子做事,比如为孩子上个好幼儿园、好小学,家长替孩子昼夜鏖战,排队报名;孩子要上个兴趣班、特长班,家长替孩子报名、排队缴费,等等。自认为都是家长的责任,不能推卸。

可孩子已经长大了,自己的事情该自己做了,也能自己做了,但家长照样是事事包办,替孩子做这做那。

比如带孩子一起出去旅游,都是家长替孩子背着行李,让孩子空着手;孩子上学了,接送孩子时是家长替孩子背着书包,自觉自愿地充任孩子的"书童";孩子做完作业,家长替孩子检查、核对,替孩子收拾书包;看孩子做作业很辛苦,个别家长还充当"枪手",替孩子写作业;孩子在学校做值日生,家长怕孩子累着,替孩子搞卫生;孩子在学校犯了错,家长大包大揽,勇敢地替孩子担责任。

孩子已经进入成年阶段,家长还是"替"。比如,要考大学了,家长替孩子选择专业;孩子上大学了,家长经常到学校替孩子洗洗涮涮,整理内务;大学毕业了,替孩子参加就业咨询、找工作;工作找到了,替孩子到单位报到;孩子在单位跟同事搞不好关系,家长还得出面找领导调解。

该找对象结婚了,孩子懒得"亲自"找,家长还得亲自出马替孩子找。你看,各地举办的"鹊桥会",当事人很少露面,都是白发苍苍的老爹老妈替儿女找对象、相对象;极个别的妈妈,在儿子结婚后,还替儿子、儿媳洗内裤……

至此,家长开办的"三替公司"还不能关张:孩子有了孩子,还得继续替孩子看孩子、带孩子、接孩子、送孩子,替孩子培养孩子……

从孩子一出生,大事小情全都是家长包办代替。孩子的头脑闲置起来,有头脑不能独立思考;孩子的手脚似乎被束缚起来了,有手不能自主做事,有腿不愿独自走路。像这样,孩子能有独立、自主、自立的意识和能力,那才怪呢!

孩子小时候,生活不能完全自理,家长可以帮,但最好只用"一只手"帮,给孩子留有自主、自理的余地。千万不要为孩子开办"三替公司"。如果你已经开办了,最好早一点儿"关张"停止营业。免得你好心好意、替来替去,把孩子替成无能的"废物"。

(赵忠心)

孩子不可"惯养"

家长教育孩子,在该严管的时候舍不得严管,惯出了孩子的很多问题;该放手的时候不愿放手,影响了孩子的成长。在教育孩子这件事上,家长千万不能惯着孩子。按照习近平总书记所说:要坚持以社会主义核心价值观为统领,树立新时代的家庭观,孩子才能更好地成长,将来才能更优秀。

孩子没规矩不能惯。俗话说,无规矩不成方圆。孩子从小如果没有父母制定的规矩来约束,很容易不懂得道理,更不懂得判断自己的言行是好是坏。所谓自由就是让孩子在有规矩的前提下进行自由活动。

立规矩要趁早,不要觉得孩子年纪小就可以惯着,如果现在惯着,以后想管的时候就有些难了。从小教会孩子了解社会规则,明确告诉孩子什么事情该做、什么事情不该做,可能开始时会很难,但孩子长大后,就会明白父母的良苦用心。

孩子不做家务不能惯。不要觉得做家务这件事可有可无,一个从小就不做家务,不爱劳动的孩子,长大后要突然变得勤劳是不可能的。父母一味地包办代替不但会降低孩子的幸福指数,还可能会影响孩子的人生。让孩子把做家务活变成习惯,是家长送给孩子成长路上非常宝贵的财富。

好习惯要从小养成,父母就要培养孩子从小做家务的习惯。让孩子有自理能力的同时,拥有勤劳肯干的品质,有利于以后的学习、生活、工作。

孩子对长辈不敬不能惯。孩子都是家里的"宝贝",常常会出现一个家庭里几个老人围着孩子转的情况,有的孩子就被惯坏了,对老人没有敬意。这点父母一定不能惯着。要积极传承中华优秀传统文化,传递尊老爱幼的良好家风。孩子对长辈没大没小或不尊重时,若父母没有适时纠正,长久下来,不仅会养成孩子霸道、不讲理的个性,在团体中也会成为不受欢迎的人。所以,家长应让孩子知道,拥有一颗懂得尊重的心是很重要的,有礼貌的孩子会让他人觉得有家教。

孩子"自私自利"不能惯。父母疼爱孩子,往往对孩子舍得花钱,对自己不舍得花钱。吃饭的时候,孩子喜欢吃的菜父母就想全留给孩子,自己一口也不舍得吃。父母这样以孩子为中心,其实很容易养成孩子自私自利的坏习惯,什么好东西都想自己独享,认为父母甚至他人理所当然地应该让着自己。久而久之,孩子只知道索取,不知道回报,更不会想着去关心别人和感激他人,这是很可怕的事情。

父母不但要教会孩子爱,也要教孩子学会付出爱,更要让孩子懂得感恩。一个懂得感恩的孩子,会感激别人对他的帮助,珍惜他得到的一切,觉得拥有眼前的一切既快乐又幸福。

孩子哭闹耍赖不能惯。在教育孩子时,父母一定要有原则,不能总是对孩子妥协,哪怕孩子哭闹耍赖,也要坚持原则。父母妥协的次数多了,会让孩子形成错误判断:只要坚持哭闹下去,总能得到我想要的。父母毫无原则地满足孩子,让他觉得一耍赖就能获得想要的东西,这是让他建立一个错误的人生观和世界观。父母要学会坚定地拒绝孩子不合理的要求,让孩子明白大人的原则和底线。反复几次之后,他们自然就会懂得:无理取闹并不能达到目的。

家庭教育这件事任重而道远,家长要将家国情怀、思想道德、心理健康、劳动教育、法律知识等内容灵活、有机地融入家庭教育之中,培养出懂事、有责任感的孩子。

(左宪法)

使用 3F 法则搭建亲子沟通的桥梁

在亲子沟通中我们是不是会碰到以下情况：

情境一：刚上初三的孩子从寄宿学校回家，就迫不及待和父母吐槽，超负荷的作业，高强度的训练，埋怨老师、责备学校，情绪激动。

情境二：孩子快要考试了，但他们经常控制不了看手机，一看就是一两个小时，有时候边看手机边复习，效率很低。这时候，有些父母就会马上制止孩子，要么就是把孩子的手机抢走，要么就是用简单粗暴的语言制止孩子。

情境三：孩子考完试回家，抱怨考试很难，有些孩子对自己要求比较高，害怕考试考砸了，回到家情绪低落，心情不好，关起门来不和父母沟通。

孩子的这些表现就是典型的青春期现象，他们就像一头"冲动的狮子"，易受外界影响，难以沟通，情绪激动，容易做出荒谬的决定，而且普遍缺乏共情和自控能力。这是由于大脑前额叶没有发育成熟。前额叶部分掌管着孩子的行为和技能，比如：明智的决策、自控力、共情、自我认知和道德感等。青春期阶段是孩子发展的危险期，也是教育的关键期。这时候父母要抚顺这头"冲动的狮子"，孩子情绪平和了，愉悦了，关系就和谐了，这时候才是最佳的教育时机。

脑科学研究告诉我们，认知思维分为三重大脑：本能脑、情绪脑、理智脑。这三部分对应的是本能、感性、理性。我们与孩子的沟通（外部刺激）在孩子大脑中的行进路线是从本能脑到情绪脑再到理智脑，这三者的顺序是不可改变的。当孩子有情绪的时候,是他的本能脑和情绪脑没有得到尊重和理解,父母只有疏通了孩子的情绪,沟通才能顺利。

现在就给大家介绍用3F法则来疏导孩子情绪的做法。3F法则就是Feel(感受)、Felt(感觉)、Found(发觉)。Feel(感受),先认同对方的感受,让孩子感受到安全、信任,对应的是"本能脑"。Felt(感觉),讲我自己的感觉,体会到对方的情绪,和孩子产生共情,对应的是"情绪脑"。Found(发觉),帮助孩子发觉没有意识到的价值,对应的是"理智脑"。

为了让大家更好地理解3F法则,我就以情境一作为示例,谈谈如何疏导孩子的情绪:

我们回顾一下:刚上初三的孩子从寄宿学校回家,就迫不及待和父母吐槽,超负荷的作业,高强度的训练,埋怨老师、责备学校,情绪激动。

面对这种情形,比较多的父母会脱口而出:学生做作业是应该的;老师是为你们好;作业做多一点,你没有吃亏的;你看谁谁谁,成绩优秀,也没有抱怨;马上就考试了,很正常啊。这种说教式的、比较式的、啰嗦式的、冷漠式的回应,孩子感觉自己没有被看见、没有被理解、没有得到尊重,不仅解决不了问题,还会让亲子关系跌到冰点。

其实,父母应该想清楚这三个问题:孩子为什么会这样?此刻的孩子最需要什么?我们应该怎么帮助孩子?

运用3F法则,我们试试这样回应:"天哪,真的很多作业啊,你还要利用吃饭时间来做作业啊,肯定累坏了吧,你辛苦了,宝贝。"这时还可以顺带拥抱一下孩子。

这是第一步,Feel(感受):认同作业的确多,理解孩子的情绪,让孩子感受到安全和被理解。这样孩子的心情会好起来,有些孩子会继续埋怨,或者保持沉默,但其实他们还会有情绪的。

这时候妈妈要继续回应："我觉得啊,要是妈妈也会受不了,你在学校能够坚持这么久已经很棒了。"

这是第二步,Felt(感觉):讲自己的感觉,和孩子共情,并鼓励孩子,建立共情磁场。孩子的负面情绪就会得到疏导,孩子就能静下心来倾听父母的意见。

最后妈妈接着说:"妈妈理解你,但是你有没有发现,你坚持了这么久,现在的你比以前的你更坚强了,更有恒心了,你会发现,你受过的任何苦,其实生活都会以另一种方式回馈你。"

这是第三步,Found(发觉):帮助孩子找到方法或者建立正确价值观。在前两个阶段的铺垫之下,孩子才会静下心来倾听家长的建议,在家长的指导下纠正一些错误的想法,并往正确的人生方向发展。

其实,在现实生活中,每个家庭的情况都不一样,我们可以根据不同的情景灵活运用 3F 法则。如果碰到情境二,我们又如何面对呢?

我们回顾一下情境二:孩子快要考试了,但他们经常控制不了看手机,一看就是一两个小时,有时候边看手机边复习,效率很低。

这时候,有些父母会马上制止孩子,把孩子的手机抢走,要么就用简单粗暴的语言制止孩子,要么就是置之不理。如果我们掌握了 3F 法则,就可以灵活地回应了:

我们先重温一下,第一步,Feel(感受):认同孩子的感受,让孩子感受安全和被理解。

父母可以这样说:"我知道手机里的抖音、游戏比复习更有趣,玩一会、娱乐一下也是需要的,妈妈理解你。"

第二步,Felt(感觉):讲自己的感觉,体会到孩子的情绪,和孩子产生共情。

妈妈可以这样说:手机里的内容确实会让人着迷,如果我现在叫你放下手机,你肯定会不开心,但是,马上要考试了,怎么办啊?(这时候停顿片刻,看他反应)妈妈知道你控制不了自己,是吧,你需要妈妈的帮助吗?要不,我们做个选择,你想再看五分钟好呢?还是再看十分钟好呢?还是现在就把手机放下呢?

有了第一步的认同理解,第二步在共情之下,孩子可能就会做出选择。

孩子放下手机后,教育的目的暂时达到了;孩子考完试后,我们才进入第三步 found,帮助孩子找到方法或引导孩子树立正确的价值观。可以和孩子一起讨论当时的情形,在玩手机和复习之间如何合理安排时间,并逐步帮助孩子内化自律意识。

青春期是迷茫、偏激,且躁动不安的,那是一个荷尔蒙爆棚却无法得到适当宣泄的年龄。马克思说,人的本质是一切社会关系的总和。只要我们掌握了沟通的核心技巧,亲子关系和谐了,孩子才能健康成长,并逐步走向成熟。作为父母,要走出自己的世界,走进孩子的世界,并协助孩子走向他想去的世界。

(张小燕)

家庭教育要讲究方法策略

不久前,我班召开了一次家长会,家校互动时有个家长说:

"女儿在家玩手机,我催她完成星期天作业,她却还不停下来。最后,手机就被我硬夺下来了。孩子就和我吵架,一边说一周五天在校学习紧张劳累,回家玩手机放松一下再学习,怎么啦?一边哭闹着吵了半天,把一上午的家庭气氛都吵坏了,真不知道该怎么办,后悔死了,唉!"

问题出在哪呢?我和几位家长探讨了一下。"良药苦口利于病,忠言逆耳利于行",这话很深刻,但在实际生活中早已显得过时了,尤其当你面对家里一个即将初三毕业的孩子,他们是十五六岁、活泼机灵的生命体,连我们家长自己都不想听逆耳的话语,未成年的孩子又怎能听进去呢?

时代列车已进入 21 世纪的今天,孩子们的健康成长对我们家庭教育的要求也与时俱进、越来越高了。孩子是家庭的希望,祖国的花朵,民族的未来,家长对孩子的教育只有讲究方法策略的艺术性,才能收到事半功倍的效果。

家长教育孩子的方法策略很重要,对前面这位家长遇到

的问题,我们可以采用"三步走家庭教育法"来解决:

第一步要换位思考,家长光有良苦用心是不够的。家长出发点是好的,他想提醒孩子抓紧完成作业,不能耽误学习,但缺乏冷静的换位思考。如果家长在有教训孩子的想法之前,在出现夺下孩子手机的冲动之前,不是急着去教育孩子,而是先和孩子来一个互换位置,从孩子的角度去思考一下,想一想:孩子今年是几年级学生了,如果家长自己在这个年龄会不会爱玩手机,硬夺下孩子手机会有什么后果,这样做能不能达到目的,会给孩子内心和学习带来哪些伤害,这次教育孩子的目的是什么,有没有更好的方法可以选择,什么方法最适合孩子呢?如果这样一想,就会思路打开,心气畅通,心平气和地进行思考分析,最终一定能找到更好的教育方法。

第二步要理性分析,家教缺少深度思考是不行的。家庭教育事故就像发生交通事故一样,"十次事故九次急,最后一次还是急!"急躁行事、思考不足是造成家庭教育事故的主要原因。家长如果在关心孩子学习、提醒孩子不玩手机之前,能理性地深入分析这件事情的实际情况,静下心来斟酌一番,把这次家庭教育的目的方法想明白了,把这件事情的前因后果捋清楚了,把家长对孩子实施教育的思路理顺畅了,然后再去教育孩子。这样就不会让教育行动比头脑反应还快,更不会草率浮躁、急火攻心,对孩子实施简单直接的粗暴式家庭教育了;也不会最终导致家庭气氛闹僵,亲子情绪对立,孩子作业没有完成,一切情况都事与

愿违了。

　　缺少深度思考的家教，还不如对孩子不管不问，随她玩一会就手机一丢自己去学更好。所以，"良药苦口利于病，忠言逆耳利于行"这句俗话，我们家长是时候把它改一下了，改为："良药可口利于病，忠言顺耳利于行。"用孩子喜欢的方式去对孩子实施家庭教育，用寓教于乐的策略来教育孩子。

　　第三步要讲究艺术，家教不注意方法策略不行。家长爱孩子的方式，比爱的内容本身更重要。只有家长爱孩子的方式对了，孩子才会心悦诚服地接受，家庭教育的目标才能实现。当孩子玩手机兴致正浓时，我们一定不能逆流而动，一定不能贸然阻止、夺下手机；我们可以这样引导孩子："在玩什么呢？我有时也会这样玩手机让心情放松一下，一会再去做事，效果又快又好，对吧？今天有什么家庭作业呢？玩一会不要忘了抓紧完成，宝贝！"这样，用"现身说法"教育孩子，孩子一般情况下都会欣然接受的，因为家长谈的是自己的亲身经历和体验，和孩子是同向而行的，而且又是在理解孩子做法的基础上提出建设性意见的，就会在谈笑间达到"四两拨千斤"的微妙效果。

　　"幸福的家庭都是相似的，不幸的家庭各有各的不幸。"托尔斯泰在《安娜·卡列尼娜》一书中的开篇语非常震撼人心，这也理性深沉地告诉我们：对孩子来说，最好的家庭教育，不是父母有多大成就，也不是父母给予孩子多少金钱和资源，而是给孩子一个幸福温馨的家庭。总之，家长教育孩子只有学会换位思考，理性分析，从孩子的个性特点和兴趣爱好出发，讲究家庭教育方法策略的艺术性，才能迎来"柳暗花明又一村"的美好幸福前景！

（张佑高）

第 3 章　学法崇德

引导孩子诚实守信亲力亲为

春节期间,我专门约了朋友一家三口去淮安区游玩一天。在游玩过程中,我热情地邀请大人们一起拍了几张合影,并邀请朋友的孩子为我们拍摄。朋友开始不同意,要请边上正在打卡的扛着"长枪短炮"看起来就很专业摄影师为我们拍。我阻止了他,然后安排大人们站好位置,并且预留好我的位置,我引导朋友上初一的孩子上前。我蹲下身,鼓励并邀请他当我们的摄影师,为我们定格下精彩瞬间。

孩子开始还有点腼腆,不知所措,我先摆好相机,告诉孩子,拍照片首先端正相机,然后,将镜头前的人都要收在镜头中,四边适当留白,不挤满。在正式拍摄之前,要引导大家一起眼睛看向相机,眼睛往一处看,拍出来的照片才有神好看。总结起来就是:相机端正,人物都在相机中,所有人目光都向镜头看齐后,半按快门对焦,然后全部按下,一气呵成。

孩子刚开始两张拍得并不好,一按快门,相机镜头就晃动了。连拍了十来张后,就渐渐找到了感觉,就拍出了合格的照片。他会用相机了,我又教他用手机拍,手机拍就简单多了,掌握了相机的要领,再用手机,上手也很快,后期,孩子拍得又快又好。

后半程的参观游玩,孩子就当起了我们的专职摄影师,非常开心。参观到淮安府署门前广场,正好广场上有杂技表演,我觉得镜头难得,把朋友的孩子抱了起来,让他居高临下拍了几张图片,镜头掌握到位,画面很有感觉,我适时表扬了他。

一天玩下来,连朋友都说,他的孩子像是变了个人似的,一个假期中,今天的状态最好,笑容最多,最开心。我建议家长奖励一下,奖励孩子买支冰激凌。在孩子去买冰激凌时,我才告诉朋友,这是孩子的主观能动性得到了发挥,得到了承认,获得了表扬,让他有了自信心的结果。

假期将结束时,孩子向学校交作业,其中就有一项:在假期中拍摄下春节的年味,孩子就选取了我们那天游玩中的几组镜头,还获得了最佳摄影奖。

这时,朋友才明白过来,我当时极力邀请他们去游玩的目的所在。放假时,朋友向我索要过照片,说是找几张有过年元素的,孩子学校要交作业,孩子功课紧张,怕没有时间,也不会拍,就找我这个摄影家。我当时一口回绝:"没有。但是春节期间可以拍,不过你得听我的安排。"于是就有了这次淮安区之行。

我业余时间喜欢写作和摄影,在朋友圈中也小有名气,于是被不少人盯上。经常有朋友向我来讨作品,说是孩子参加学校的征文比赛,并一再解释,孩子一没时间,二不会写,让我这位作家给写一篇。对于朋友这样的要求,我是毫不留情面,坚决予以拒绝,并且义正词严地告诉他们:作品没有,我也不会替你们代笔。你们这不是爱孩子,是害孩子,没有这样给孩子当买办的家长。只要孩子需要,家长就去想方设法满足,甚至走歪门邪道。殊不知,孩子走上社会后,工作中需要材料和总结,自己不动手,是不是也去找朋友借,甚至上网抄？家长如此做法，是教孩子学坏，现在能借一篇文章，将来就能去抄，就能去偷，成为文偷；文字材料如此，其他工作呢，也能去弄虚作假，甚至走上违法犯罪道路。孩子遇到事情，就是家长教育的机会来了。学校举办活动，鼓励孩子抽出时间积极参加，这本身就比省两小时多做几题数理化要有意义得多。鼓励孩子通过参加活动融入集体，为集体争光；参加活动，能提升个人素质能力；告诉孩子，通过参加这些活动可以培养哪些道德品质，学会遵守哪些人生的底线，如何培养和塑造良好的人格。

　　批评一顿后，我请他们一定要安排出时间，让孩子自己写一篇，或者把孩子带到我跟前来，我和孩子一起探讨，然后由孩子自己写，写好后，我们当第一听众，让孩子读给我们听，我们一起讨论修改完善。在我这样的引导下，不少孩子都写出优美的文章，有几个孩子还得了奖，从此喜欢上了文学，还加入了校园文学社，成了一名校园小作家。孩子现在见到我，都叫我老师，说我是他们文学路上的引路人。试想一下，当初，我要是爽快地答应他们的家长，替他们捉刀写一篇，也许就不会有今天的结局，甚至非但没有扶正这小树苗，反而是推波助澜，让其成长为一棵"歪脖子树"了。

　　引导孩子诚实守信、亲力亲为，不一定要通过专家讲座，专门学习获得。有许多法律知识、公民道德要求和规范，其实都可以通过我们的工作、生活、学习，参加各类社会活动的一言一行去身教，去言传。生活中蕴含最大的学问，一切问题都可能在生活中找到答案。作为家长，我们要通过日常的生活点滴，做到润物无声，深入孩子心灵，呵护其健康地成长为国家和社会的栋梁之材。

（起　新）

给孩子戴上安全头盔,这是最好的爱

早上,黄女士匆忙吃完饭,骑着电动车背着女儿去学校,由于没给女儿戴安全头盔,骑到一路口等绿灯时,被交警拦下。黄女士还想辩解什么,被交警打断。交警对黄女士说,骑电动车送孩子上下学,给孩子佩戴安全头盔,这是家长最基本的常识,是对孩子最有效的保护,也是对孩子最好的爱。

在交警的教育下,黄女士立即到路边的一家商店里给女儿买了一个头盔。

眼下,电动自行车是不少家长接送孩子上下学的重要交通工具。骑车上路佩戴安全头盔,这是对骑乘人员最基本的要求,然而近日相关媒体的一项调查显示,接送孩子上下学时,仍有一些家长由于种种原因,像黄女士一样,没有给孩子佩戴安全头盔。

头盔虽小,作用却大,它关乎孩子的生命安全。

不久前,笔者了解到这样一起令人揪心的交通事故:一名姓张的女士骑着电动车外出办事,让年幼的儿子站在前踏板上。途经一家超市门前道路时,儿子突然从电动车的左侧摔落到路面上,前面的一辆电动车躲闪不及,撞上孩子的头部。由于孩子没有佩戴安全头盔,右前额磕出了一个洞,鲜血直流。

事后,张女士后悔地说,出门时忘记给孩子佩戴安全头盔,没想到竟然发生了意外。对此,她懊悔不已。

一份调查显示,在电动自行车交通事故中,不戴头盔的致死率远远高于其他因素。儿童乘坐电动自行车发生交通事故占到了32.67%。其中,17%的儿童因未佩戴安全头盔导致伤亡。公安部交管局统计发现,事故伤害中最主要的就是颅脑损伤,而正确佩戴安全头盔能够将交通事故死亡风险降低60%~70%。也就是说,佩戴头盔是骑电动车时保障生命安全的一道重要防线。

由此可见,骑电动车时给孩子佩戴安全头盔,不仅能有效地减少交通安全事故,还能保护孩子的生命安全,给家庭带来幸福。对家长来说,这是最基本的常识,也是法律法规的明确规定。《中华人民共和国道路交通安全法》规定,摩托车驾驶人及乘坐人员应当按规定戴安全头盔。《江苏省电动自行车管理条例》也明确要求,驾驶、乘坐电动自行车应当按照规定佩戴安全头盔,驾乘人员未按照规定佩戴安全头盔的,由公安机关交通管理部门处警告或者20元以上50元以下罚款。

既然给孩子佩戴头盔如此重要,法律法规又有明确规定,为什么还有家长在骑电动车时不愿意给孩子佩戴头盔呢?

嫌麻烦、心存侥幸是一个重要原因。一些家长由于外出匆忙,忘记给孩子戴头盔;一些家长认为出去时间不长,戴不戴头盔无所谓;还有一些孩子由于不想戴头盔,家长也就依了孩子……殊不知,道路上的情况千变万化,不确定的因素太多了,有时,就因为家长的一时疏忽,没有及时给孩子佩戴头盔,结果就给孩子造成无可挽回的伤害,给家长带来悔之不及的痛苦。在我们身边,这样的例子举不胜举。头盔对于骑乘者来说,是遇到危险后的最后一道防线。

因此,对家长来说,嫌麻烦要不得,心存侥幸更不能有,骑车外出时,一定要牢记,给孩子佩戴头盔不仅是法律法规的要求,也是家长义不容辞的责任,一定要严格执行,做一个遵纪守法的家长,做一个文明交通的践行者。让戴着头盔的孩子坐在电动车上安全地出行,这才是作为家长给孩子最好的爱。

(小 陈)

第4章 家教故事

劳动方知饭菜香

我们夫妻忙于工作,儿子出生以后,就交给外公外婆帮着带。虽然平时也经常去看他,但是对他的生活很少过问。他上小学后,便和我们一起生活。一家三口在一起后,发现孩子喜欢挑食,而且吃饭老是剩饭,最后只能由我们帮他处理掉。我和妻子都觉得儿子这个习惯很不好,开始苦口婆心地和他讲道理,告诉他"一粒米长成需要七斤水""谁知盘中餐,粒粒皆辛苦"的道理等,告诉他农民劳动的艰辛,粮食的来之不易。刚开始,儿子听了这些说教后有些触动,尽量做到不剩饭了,但是过了几天又是故态复萌。老生常谈以后,便不再有任何效果了。妻子发现循循善诱没有效果,便严厉训斥,儿子除了哭哭啼啼外,没有任何改变,我们颇感无奈。

儿子上三年级时的那个"六一"儿童节,我们带着他去乡下看望爷爷奶奶。吃完中饭,爷爷奶奶便急着要下地收油菜籽。他们说,天气预报,这两天要下雨,油菜籽如果不收掉,要么发芽、要么烂掉了,一季白辛苦了。儿子从来没干过农活,很是好奇,他说和爷爷奶奶一起去地里。看着火辣辣的太阳,爷爷奶奶不愿意孙子去受罪。我和妻子正好想帮两个老人一起干点农活,也想让儿子体验一下干农活的辛劳,就拿起农具直奔地里，儿子也学着我们的样子一起跟着去了。

到了目的地，只见被父母亲割掉的油菜秸秆一堆一堆地齐齐平放在地里。我们先找了一块空地，铺上一块大塑料布，当作临时打谷场。我们把油菜秸秆轻轻捧起来然后放到塑料布上，如果动作稍微猛了些，就会传来油菜籽壳儿的开裂声，油菜籽就纷纷掉落地里了。儿子也学着我们的样子捧了几次后，汗就下来了。虽然有凉帽挡着，但是小脸也被晒得红红的了。我们一手拿起油菜秸，一手拿起小木棍，开始敲击油菜籽壳，油菜籽纷纷滑落下来，在塑料布上自由地滚动着。就这样周而复始进行着。没两个回合，儿子败下阵来，躲在路边的树下，大口喝着水，不愿意再来了。我们也不管他，直至把那块地里的油菜全部敲完，又把油菜籽全部装进袋子里，才结束了半天的劳动。

回到家里，我边帮儿子洗澡边对儿子说："你是第一次去干活吧？你看农田里的劳动苦不苦啊？"儿子忙不迭地点着头。

"今天的油菜籽是用来榨油的，家里吃的菜油就是这样来的。而我们吃的米饭也是经过农民的精心培育，也要挥洒下许多汗水才能得来的，所以……"

"爸爸，我知道了，我以后一定不会剩饭了，不浪费粮食。"儿子不待我说完，就抢着说。

从那天开始，儿子真的不再剩饭了，吃多少就装多少，吃东西也不像以前那样挑三拣四了，他真正懂得了食物的来之不易。

我国著名教育家陶行知认为，儿童教育就是要把学校的一切伸张到大自然里去。法国哲学家、教育家卢梭说，大自然拥有增强孩子的身体和使之成长的办法。儿子的转变很好地诠释了体验才是最好的教育这一道理。

（徐　新）

第5章　学前教育

培养幼儿良好的文明礼貌习惯

文明礼貌是良好的道德行为。心理学研究发现,整个幼儿阶段是培养道德行为习惯的最佳时期。俗话说:"三岁看小,七岁看老。"人的行为在很大程度上取决于他的习惯。因此,我们应抓住幼儿养成教育的关键期,培养幼儿良好的文明礼貌的行为习惯,使幼儿终身受益。

如何对幼儿进行文明礼貌这一品德教育呢？它的核心应该是:爱心教育。只有懂得爱的人才会欣赏爱、理解爱,所以文明礼貌教育不只是教幼儿口头上的一些礼貌用语,而是发自幼儿内心的,它的本质是幼儿在社会化过程中学会人与人的相处。因此可以采取以下几种措施:

一、感知文明礼貌用语

平时我们口头传授的文明礼貌用语孩子们可能记住了,但不一定理解,也不易与行为联系在一起。优秀的儿童文学作品在幼儿的学习过程中起着示范作用。在帮助幼儿理解"请、您好、谢谢、对不起、再见"等文明礼貌用语的真正含义时,我们选择一些幼儿感兴趣的儿歌,如:"请字歌""神奇的字"等,还有故事"看望生病的小猫""到小公鸡家做客"。在设计、组织活动的过程中,注重综合运用各种教育手段,寓教于乐,让幼儿在玩乐中,在轻松愉快的活动气氛中,懂得道理、受到熏陶、得到教育。我们把故事内容用童话剧的形式进行表演,孩子们通过自己的讲述、表演,体验到礼貌用语应该什么时候用,怎样正确地进行交往,理解礼貌用语的内涵,并能运用到自己的生活中。

二、体验文明礼貌用语

教育要从幼儿生活开始,由近到远、由浅到深、逐步升华。只有我们长期、不懈地引导与教育,幼儿才有可能养成文明礼貌的习惯。比如在开展"我是好孩子"的主题活动时,我们通过"我爱爸爸妈妈""我爱老师""朋友多了真快乐"等等活动,引导幼儿回答如下问题:"你的生活都由谁来照顾?他们是怎么照顾你的?那你们又该如何对待他们呢?"让幼儿通过亲眼观察,体会到父母和老师的辛苦和对他的关心、爱护,增进了人与人之间的感情,并把这种发自内心的情感付诸行动和言语中。在主题活动后家长一致反映,当父母下班回家后,幼儿会说:"爸爸妈妈辛苦了!"父母做家务时,幼儿会帮助爸爸妈妈做一些力所能及的事情;在幼儿园里,当老师不舒服时,小朋友会关心地问:"老师您看医生了吗?"孩子们学会了尊重、热爱、谦让、分享,并能运用礼貌用语和别人交往。良好的文明礼貌习惯,为幼儿积极情感的培养及交往能力的提高奠定了基础。

三、养成文明礼貌习惯

幼儿良好社会行为习惯的形成,离不开幼儿园、家庭和社会的教育。因此,培养幼儿良好的文明习惯,幼儿园、家庭和社会负有的责任是神圣的,不可推卸的。

(一) 教师自身素质对幼儿潜移默化的熏陶

由于幼儿年龄较小,他们离开家庭、离开父母会产生一种不安全感,老师就成了他们唯一的依靠。这就要求教师要像妈妈一样去细心呵护、关心、帮助每一个孩子,消除他们的恐惧心理,创设一种宽松和谐、民主平等的精神环境,用爱心去温暖孩子的心田。孩子在获得爱、感受爱的同时,逐渐学会了如何去关心、帮助别人,同时一种互敬互爱、懂礼守纪的良好个性、行为品质也在逐渐地形成。

(二) 充分发挥同伴教育资源的榜样示范作用,将教育与自我教育相结合

幼儿自己的经验也是学习文明举止的源泉。幼儿观察同伴行为的好坏,比评定自己行为的好坏要容易。幼儿之间是互相模仿的对象。在幼儿生活中教师要鼓励幼儿互相学习,促进幼儿和谐健康成长。爱游戏是孩子的天性,游戏也是孩子认识世界、探索周围世界的一种积极活动。礼貌教育可以尝试着让孩子在无压抑的游戏环境中进行。例如:在班中我们设置了为瓢虫添点点的比赛墙面。根据幼儿运用礼貌用语次数的多少为瓢虫增加点子数量,从而评选出文明之星。

(三) 加强家园联系,做到家园一致

培养孩子的文明礼貌习惯,同样也离不开家长的教育和影响。家庭教育是幼儿教育不可缺少的一部分,幼儿会更快、更多地接受来自家庭的影响。所以教师应努力协助家长

开展幼儿教育,家长要努力成为幼儿学习的典范。家长通过行为规范条例约束自己的行为,为幼儿树立良好的榜样。

(四)以活动为载体,多种教育形式相结合

文明行为的学习,重要的是让幼儿在日常生活中增加道德认识的情感体验。如:在游戏及幼儿集体教育活动中,给幼儿使用文明礼貌用语的机会,让大家感受到自己使用文明礼貌的语言会给自己的生活带来更多的方便。在反复的练习使用中,幼儿使用文明语言的次数更多了,逐渐养成了正确使用文明礼貌用语的习惯。

在生活中,要引导幼儿学会如何和别人商量、如何去帮助同伴,通过这些生活中的小事,孩子们亲身体会到了讲文明、懂礼貌可以使大家生活得更愉快、和谐。

有位优秀的教育家说过:"优秀的品格,只有从孩子还在摇篮之中时开始陶冶,才有希望在孩子心灵中播下道德的种子。"文明礼貌的行为习惯是从小开始长期实践而形成的,只要我们一起用心去总结教育经验,相信孩子将来一定会成为社会上受欢迎的人。

(徐 芹)

陪儿子听吴晶的故事

邻居小李30岁左右，在市区开一个糕点店。他有一个儿子，长得虎头虎脑，今年上幼儿园大班。双休日或节假日，我常会看到他带着儿子，在小区的公园里游玩。有时儿子在他前面跑，跌倒了，他也不上前扶，而是远远地鼓励他："自己跌倒了，自己爬起来，这才是最棒的孩子！"在他的注视下，儿子慢慢地爬起来，向他笑笑，又在前面跑了。

有一次，我问他，人家孩子跌倒了，家长都会赶紧去扶起来，害怕孩子跌破了皮，你为什么不扶？他笑笑说，人生的路很长很长，如果每次孩子走路不小心跌倒了，你都去扶起来，而不是鼓励他独立地站起来，那他未来的路能走得坚实吗？

小李的话和他对儿子的教育方法，让我刮目相看。而更让我赞赏的是他停掉生意，带着儿子去听被誉为"中国的海伦·凯勒"的"80后"姑娘吴晶的故事这件事。

不久前，吴晶带着她出版的首部自传图书《我听见这世界缤纷》，在淮安书房九龙湖店与淮安人首次见面。小李知道这一消息，立即关门歇业，专门带着儿子来到见面会现场，让儿子走近这位传奇的盲人姑娘，聆听她"听见"缤纷世界的故事，感受她在创造一个个生命奇迹过程中的温暖、力量和希望。

见面会现场，来了很多孩子，小的五六岁，大的十一二岁，他们或站或坐，把整个活动现场围得水泄不通。

小李认真地对儿子说："吴晶姐姐是一个了不起的姑娘，听她的故事要竖起耳朵，聚精会神，听了以后有什么感想，回家后要讲给我和妈妈听,讲给班里的小朋友听。"

儿子不住地点头,然后自己找一个离吴晶最近的地方坐了下来,仰着脸,听吴晶讲述自己在命运的打击中一次次创造奇迹的故事——

1986年,吴晶出生于江苏泰兴黄桥一个普通的乡村教师家庭。刚出生时她眼睛又大又亮,父母为其取名为"晶"。不幸的是,在吴晶15个月大的时候,她的两只眼球因病而不得不摘除。从此,吴晶的眼前便没有了光亮。

9岁的时候,当有的小朋友还在哭闹着不肯上学的时候,吴晶却独自一个人开始了在特殊教育学校的寄宿生活。她完全地独立自主:自己摸索着到教室上课,自己摸索着到食堂吃饭、打水,自己换洗衣服……她的勤快和自律得到了学校老师的关注和喜爱。老师们教她学英语、教她学各种乐器。吴晶没有想到,这两项技能竟成了她以后得以走出国门的法宝。

吴晶在讲述时,时而哈哈大笑,时而风趣自嘲,却深深地吸引了在场的每一个家长和孩子。小李看到,儿子听得很安静、认真,脸上的表情时而惊讶、时而凝重、时而感动……他一动不动地坐着,跟着吴晶的讲述,走进她喜与悲、苦与甜的世界里。

初一的时候,吴晶开始学习英语,在付出常人难以想象的努力后,现在的她不但精通英语、瑞典语,还熟悉俄语、西班牙语等多种语言。吴晶虽然看不见,但体育教练却发现她的定向行走能力特别强，跑步特别快，可以成为运动员。于是，吴晶从扬州转学到南京特殊学校后，成了一名正式的体育运动员。经过艰苦的训练，吴晶开始在各种体育大赛中大放异彩，夺取了一个又一个冠军，甚至还代表国家队参加了2004年雅典残奥会。

三年的体育生涯中，吴晶共获得14枚短跑金牌。退役后，她就学于南京外国语学校中加国际高中，成为该校历史上第一位盲人学生。吴晶凭借自己的不懈努力，高中的三年，不仅没有掉队，而且成绩名列前茅，毕业时收到了包括哈佛、耶鲁在内六所大学伸出的橄榄枝。在众多给她提供读书机会的知名高校中，她选择了美国的蒙哥马利学院。

在美留学期间，她的主动精神再次显示了非同一般的作用，她参与了美国盲人联合会的工作，并促成了中美之间盲协的交流；之后，她又留学瑞典，进入斯德哥尔摩音乐学院深造，又与瑞典盲协建立了联系，参与了瑞典盲协的工作，还促成了中瑞之间盲协的交流。在瑞典，她加入了瑞典皇家爱乐乐团，成为一名长笛演奏员，她开始在世界各地巡演。2014年，她来到了莫扎特的家乡，在维也纳金色大厅演奏了莫扎特的乐曲。

吴晶说，小时候希望更多人能够了解盲人，高中时希望更多盲人接受更好的教育。"现在我希望通过语言、音乐、社会活动、外交、教育、慈善这些方式，能够激励和帮助全球的盲人，这就是我的梦想。"从小便怀揣梦想的吴晶，现在正朝着自己的新梦想不断努力,她在黑暗中绽放出最美的生命之花。

在见面会现场,吴晶告诉来参加活动的家长和孩子,一个孩子,在很小的时候,内心需要有追求、有梦想、有理想。因为当有了这些的时候,他就会为之去奋斗。在奋斗的路上,要独立、自律、勤奋与坚持,这样才能一步步走向更大的世界舞台。

见面会结束后,大家久久不愿离去,看着这个了不起的姑娘,纷纷围过去和她合影。

"吴晶姐姐真是一个坚强的姐姐,她遇到那么多不幸,都没有放弃梦想,太伟大了!"小李的儿子眼里闪着泪花,他对爸爸说,他要像吴晶姐姐一样,做一个坚强、勇敢的人。

小李摸着儿子的头,向他竖起大拇指。

"现在的孩子太顺了,缺少挫折教育,面对困难常常不知所措。"小李说,吴晶的故事很励志,这个见面会,更是一堂生动的如何面对困难、面对挫折的教育课。所以,他停掉生意,带着儿子来到现场,看一看,听一听,就是想用吴晶的经历教育儿子,人生不可能一帆风顺,每个人在成长的道路上,都会遇到各种各样的挫折,一旦遭遇困难或不幸时,要像吴晶姐姐那样,不气馁、不消沉,不服输,做一个挺身抗争的勇敢的人。

(晓 华)

第6章　家庭生活

家和万事兴

家庭生活中,我们该怎样才能达到"家和"的目的呢?

笔者以为,夫妻双方首先要做到互相尊重。

相互尊重是夫妻间相处的基本原则,也是夫妻关系融洽的重要纽带。要尊重对方隐私。每个人或多或少都有些隐私,应该给对方留有自己的隐私空间。不合时宜的窥探与不信任,只会遭到对方的反感,引发对方的愤怒。要尊重对方的劳动。对对方的劳动成果要知道珍惜,懂得赞美,不能有意无意地破坏。比如,对方辛苦为你做了一顿饭,无论味道如何,也要给予赞美。只有这样,才能让对方付出辛苦也心甘情愿,你的这种暖心之举,也体现了对对方的尊重,是值得称道的。在公共场合不让对方难堪。夫妻间再有什么不愉快都要回家私下解决,不能不分场合地随时发作自己的坏脾气。夫妻间要懂得,对对方的尊重就是对自己的尊重,让对方难堪就是给自己难堪,遇事多斟酌,三思而后行。要尊重对方的父母。尊重对

方的父母,是对对方最起码的尊重。你可以把对对方的爱也体现在对对方父母的关爱上,将心比心,你得到的回馈绝对不会比你付出的少。还要尊重对方的品位。每个人的品位是不同的,夫妻间相处,尊重对方的品位是一种基本素养,也是避免矛盾频发的必要举措。比如,对方买了一件衣服,十分喜欢,而你却并不觉得好看,但是这个时候你如果实话实说,那么也许就会引发一场纷争,其实,夫妻生活中还是需要善意的谎言的。

尊重,是爱情存在的基础,是建立美满幸福家庭的基石。所以,夫妻双方除了上述所说的尊重外,还要尊重对方的工作,尊重对方的交往,尊重对方的兴趣爱好等,这样,家庭才能"和"起来。

其次,夫妻双方要做到相互理解与谅解。家庭生活中,夫妻之间需要心平气和地沟通,设身处地为对方着想,才能互相理解。同时,夫妻双方要学会换位思考,求大同存小异,这样才能做到互相谅解。如果事情发生在自己身上,自己怎么解决;同时你要考虑到对方的性格和心态,是不是和你有相似的地方,假如他遇到这样的事,以他的性格和心态,他会怎样去做?交流中,夫妻间都要有豁达的胸怀,不要和对方去计较,自己要有一个良好的心态去和对方沟通。其实,人与人的理解是建立在相互沟通的基础上的,而且要想让对方理解自己,自己首先要做到真诚和诚信,要让对方相信自己,这样才有沟通的基础。

同时，夫妻要平等地对待彼此，要诚恳接受爱人指出的不足，在承认自己缺点的同时，也要指出爱人的缺点，互相商议达成改正共识。

家庭生活中，她有缺点，你能容纳；你有缺点，她也能容纳，这叫相互包容。她做错了事，你能谅解；你做错了事，她能谅解，这叫相互理解。说到底，这就是一种双向接纳的关系，这样才会使家庭和睦，日子才会越过越好。

再次，夫妻双方要有家庭责任感。夫妻从结婚成家的那一天起，家庭责任就已经诞生了，不管你愿不愿意，你都不能逃避。所谓家庭责任，简单地说，就是夫妻要承担尊老爱幼、男女平等、夫妻和睦、勤俭持家等责任。

一个家庭不仅呈现婚姻关系、血缘关系，也应成为家风、修养形成的平台。从古到今，时代虽已发生巨变，但家庭的功能没有变化，"家和万事兴"的道理并未过时。夫妻双方要勇于承担家庭责任，心中装有"家庭"，事事对得住"家庭"，这样的夫妻才是幸福的夫妻，这样的家庭才能和睦、兴旺起来。

夫妻要传承良好的家风。家风，是家族一代又一代传承下来的好品德、好风气。家风好，民风就好，国家就好。家风家训，是每个家庭教育子孙立身处世、持家置业的规矩。家庭成就孩子的教养，品格来自家庭的传承。

国泰百业盛，家和万事兴。家是最小国，国是天下家。对孩子进行家风家训教育，将良好的社会道德规范和个人品德修养根植在孩子心底，让孩子爱国、爱家，做一个高素质的现代文明人，是每一个负责任家庭的使命。

家，是一个人的情感牵挂，更是一个人安身立命、修身立德的重要起点。"和"，即"合"，她是中华人文精神的核心与精髓。

（纪效成）

和儿子视频聊天

"Hello, Good evening!"视频接通的瞬间,映入眼帘的是儿子如黄橙般灿烂的笑容,我的心花顿时绽放开来,玩笑着和他打招呼。

"哎哟,三天不见,我老妈长本事了,都会说外文了。"儿子笑得更灿烂。

"哈哈哈……"我们同时笑起来,拉开了开心聊天的序幕。

从生活中的芝麻小事到国家大事,天马行空闲聊了一通之后,我向儿子提议:"你最近工作不太忙,可以多写写文章呀,文笔蛮好的,别辜负了老天对你的厚爱。"

儿子的文笔确实不错,我特意提出来说,当然主要是为了激励他,没有人不喜欢被表扬,不是说"数子十过,不如奖子一长"吗?

"啊,我已经写好一篇,交给人事了。"

"哦,那么厉害呀!"我有些喜出望外,出口就赞道,随即又关心地问,"那你有没有仔细检查一下标点符号,以及'的''地''得'等等细节呀?"

"哎呀,那个我没有仔细看,人事会改的。"

"儿子,你写出去的文章就是你的形象。细节上出现一些小问题,会大大地有损你形象的。"我认真地说。

"老妈,你说得也太严重了。"儿子有些不以为然。

"儿子,不是老妈说得严重,事实确实如此。假如说你最爱喝的玉兰鸡汤里掉进了一只苍蝇,这鸡汤是不是一下子就从你的心头跌进了尘埃里?文章中的小错误就是这苍蝇。'细节决定成败',千万别忽视细节,写文章如此,做人亦如此。"

儿子没有说话,眉宇间是一份沉思的表情。片刻之后,他郑重地点了点头:"有道理,我以后会注意的。不过,问题也不大,他们人事专门负责办报纸,会替我们把关的。发现小问题,他们随手改掉就可以了。我能写文章给他们就不错了,他们到处向人要文章,很难要到的。"

"可是,如果我们自己认真一些,避免出现这些错误,不是可以给人事省一些事吗?这其实也是你在打造自己的个人形象呀。人家说起来'那小伙子不但人长得帅,文章也写得棒,错别字都没有',你的形象是不是就熠熠闪光了?相反,如果人家说'别看那小伙子长得帅,写的文章猪不吃狗不闻的,满篇错别字',那估计你小子连对象都找不到了,老妈要愁白头了。"

"你头发本来就白了!"儿子还击我,笑得露出了后槽牙,却点头如小鸡啄食,"有道理,有道理。"

"'与人方便,与己方便'。你既然能写,就替人家多写写吧。人心都是肉长的,当你有需要的时候,人家也会热情帮你的,就算是不帮,我们主动帮了别人,心里也开心呀,'予人玫瑰,手留余香'嘛。而且,写作可以锻炼思维,防止老年痴呆。"我趁热打铁。

"哈哈哈,防止老年痴呆,好!好!好!我这提前几十年做准备,想痴呆都难!"儿子笑得更灿烂,"不过,老妈,你说的真有道理,'勿以善小而不为,勿以恶小而为之',多做好事总是好的,哪怕是很小很小的好事。我会好好记着的。"

看着这样的儿子,我满意地笑着,心里像是被熨斗熨过一样舒服:"对了,你认真写还可以提高自己写作水平的。你看,你以前有些标点符号会用错,现在犯错的时候就很少了,不就是因为你为了不犯错,自己去研究了那些符号的用法吗?"

"老妈有理,老妈威武!儿子一定好好努力,争取成为世界第一的大作家。"儿子心悦诚服,开起了玩笑。

如此顺畅愉快的沟通,如此从善如流的儿子,我的心里百花盛开。

想起闺蜜跟我吐槽孩子和她无话可说,我不禁深深地感到,这座和孩子沟通的桥梁必须在孩子小的时候就开始搭建,而且家长负有不可推卸的责任。

我们在孩子很小的时候就喊出了"听道理的"口号,并且真的这样做了,只要他说得有道理就听他的,从来不会摆出家长的威严,要求他听话。孩子受到了鼓舞,很乐意说出自己的观点,大胆和我们辩论,最后心甘情愿地听有道理的一方。慢慢地,他就变得和我们无话不谈了。果然,教育必须从娃娃抓起呀。

"老妈,你想啥呢?"儿子发现了我的走神。

"老妈在想怎样把咱的孙子喊出来,让他瞧瞧我们是怎么视频的,将来也跟你这样视频。"

"那可不行!"儿子连连摆手,一脸严肃。

"为什么不行?难道这样交流不好吗?"我满脑子的疑惑,追着他问。

"等他出生,你们早退休了,我早把你们接到身边了,根本就不需要视频了,他咋看?"见我上当了,儿子得意坏笑。

"你个臭小子,逗老妈玩!"

"哈哈哈……"

(洪　昆)

"不礼貌"的害羞

儿子在七八岁时，突然变得不愿意叫人了。

在外面遇到我的同事、朋友，让他叫人，他不是害羞地低着头，就是好像没听见似的别过脸去。甚至有时遇到家里非常熟悉的亲戚，他也不愿意打招呼。即使我强迫他叫人，儿子也会别别扭扭地不情愿，叫人的声音很低或一点也不热情。这让我感觉很没有"面子"，尽管有时不得不向亲友解释很长时间，说孩子以前很懂礼貌的，不知道现在为什么不愿意叫人了，但总觉得面子上挂不住。

有时因为强迫孩子叫人，常会搞得母子都很不愉快，别人也觉得挺尴尬。我也曾经试图和孩子讲一些道理：出门在外，你不仅仅是代表自己，也代表着我们这个家庭，你不叫人可能你觉得没什么，但是别人会觉得咱们家庭教育有问题，会觉得爸爸妈妈也是没有礼貌的人，等等。可是不仅没什么效果，还引起孩子反感。有时我心里也在打鼓：这是不是也是对孩子的一种道德绑架呢？

其实孩子以前真的不是这样的，在他刚刚懂事的时候，热情开朗，主动大方，彬彬有礼，叫人叫得可热情了。不要说在家里，就是在外面，不仅让他叫人他便叫，甚至见到不认识的长辈，他也大声叫爷爷奶奶，有时还搞得我有些不好意思。

稍稍长大了一点儿，怎么就变成这样了呢？我百思不得其解。

有一次，我和妈妈聊起了这件事，妈妈笑着说，别怪孩子，你们小时候也是这样啊。她讲起了我和弟弟小时候的一件事。小时候,我们随父亲住在部队的家属院,住在家属院里的人彼此都是很熟悉的。有一次我和弟弟放学回来,走过楼前,住在一楼的一位阿姨正在门前忙碌,我和弟弟以为阿姨低着头并没有看见我们,我们也就顺势装作看不见直接走过去了。回到家以后,妈妈就告诉我们,她在四楼把一切都看得清清楚楚,并且告诉我们,你们是不是觉得干活的阿姨并没有看见你们,就可以不打招呼了?其实这个阿姨常在我面前夸你们,说你们懂事,有礼貌。可你们却装作没看见人家,你们觉得自己做得对吗?一个人从小学会主动和别人打招呼,体现的是一个人的素质和家庭的教养。

母亲告诉我,孩子不愿叫人,先不要强迫他,慢慢去引导,他会改变的。

我又去找了一些心理学方面的书,对儿子不愿叫人的心理做了一些了解。心理学家认为,孩子小时候愿意叫人,并不是他懂礼貌,恰恰是他没有自我意识,愿意做父母让他做的任何事。但是稍大一些,自我意识开始觉醒,开始具有自主性,不希望不太熟悉的人进入自己的世界,当然也就更不愿做被强迫的事情。而且孩子不喜欢叫陌生人,是因为对陌生人没有安全感,孩子在面对陌生人时开启了自我防御功能,所以才会看起来"很害羞""很胆小"。所以,孩子不愿意叫人,并不是没有礼貌,而是他内心可能有一种抵触。所以大人切不可用自己的道德观去约束孩子,强迫他做自己不愿意做的事情,那样反而可能会伤害了孩子的自尊心和自信心。

受了母亲的启发,了解了一定的心理学知识,我开始主动地改变自己。

首先,从这以后我便不再强迫儿子了,见到亲朋好友我也会介绍给儿子,儿子不打招呼,我也会解释一下,并不是一再埋怨和唠叨孩子,也不强迫他和人打招呼。

其次,在理解孩子、和孩子做朋友的基础上,我开始有意识地引导他,跟他讲人际交往中文明礼貌的重要性,和他讲一些我小时候受母亲教育开始懂礼貌的故事,讲自己生活中遇到的有礼貌或不礼貌的人和事,让他渐渐懂得礼貌在人生中的重要。

第三,自己主动做表率,遇到熟人亲友,主动和人打招呼。让他看看,父母是如何与人交往的,慢慢克服他的害羞心理。

第四,孩子有时主动叫了人,事后一定要重重表扬他,鼓励他懂礼貌,慢慢培养他的自信心。

在我的努力之下,儿子慢慢地有了改变,尤其是上了三年级以后,改变更为明显。无论是见到家里的亲戚,还是我的同事、朋友,学校里的老师、同学,都会主动地打招呼。去年夏天,闺蜜的儿子中考结束,带着孩子来青岛游玩,我和他爸爸让儿子全程参与接待陪同。闺蜜临走的时候,由于没买上青岛站的车票,要去青岛西上车,因为距离市区要一个多小时的车程,儿子担心我腰太累,让我在家休息,一定要和爸爸亲自送站。这可把我的闺蜜和他儿子感动得不要不要的,邀请儿子有时间一定去淮安吃他最爱的豆腐脑。今年除夕,儿子是第一个给姥姥打电话拜年的,妈妈感动得连声说:"我的大外孙子,长大了,懂事了!"

父母应该从小教育孩子有礼貌,但同时,父母也应该尊重孩子成长期的生理特征和心理感受,以理解和温暖的态度去面对孩子,让孩子在成长过程中懂得尊重和感恩,成为一个具备良好品质的社会人。

(张　红)

第7章　灯下夜话

自信本身就是一种魅力

小时候,我是个连举手回答问题都不敢的学生。

每当老师提问时,我都会不自觉地低下头,甚至扶起原本平放在桌面上的课本,将脑袋缩在课本后面。此刻,我最害怕老师点我的名。

似乎是越胆小的学生,老师们反而越想要格外关照。老师很喜欢点名让我回答问题。每当此时,我只能硬着头皮、满脸通红地站起来,然后呆若木鸡,半天憋不出一个字来。

其实,我心中并非没有答案,而是害怕答案不对,出了洋相,惹同学笑话。说到底,这是一种极度不自信的心态。可越是这样想,往往越是洋相出尽。我的表现常让同学们哄堂大笑。于是,我开始尝试轻声细语地说出藏在心中的答案。老师通常会提醒我大声点,同学们也会起哄:你的声音怎么跟蚊子一样。

直到说出答案后,我才发现,原来我的答案是正确的。我明明可以自信地以洪亮的声音将答案爽快地说出来,可就是因为不自信,使自己遭遇了尴尬情景。每当我看见那些自信的同学,都会特别羡慕。我觉得他们的自信特别有魅力。我也曾默默地对自己说:如果有一天,我也能够这样自信,那该多好呀。

　　小学五年级时,班主任老师替我做了一个决定:让我参加校运会400米跑。我之前也参加过校运会,可我从未在赛场上超越过任何一个对手。我不敢相信,老师会对一个平时连大声回答问题都不敢的人"委以重任"。我甚至觉得她在戏弄我:想让同学们看看,我是如何又拿到了一个倒数第一的。

　　比赛前一天晚上,我焦虑得连觉也没睡好,幻想着明天拿了倒数第一名,同学们会用怎样的方式对我进行无情嘲笑。比赛那天早上,我连早餐也吃不下,穿上运动鞋就走上了田径场。

　　发令枪响后,身边响起了同学们呐喊加油的声音,对于不自信的我来说,这些声音不是助威,反而像是一道道指令,令我感到芒刺在背。在这些声音的鞭策下,我抛弃了自己"先慢后快"的策略,一个劲儿猛冲了出去。

　　我一直在等待后道的对手超越我,可事实上,直到跑完三分之二的赛道,依然没有一个对手赶上来。反而我距离前道的对手越来越近了,我只需再加把劲儿,就能超越他。可我还在自我怀疑:这是真的吗,我一直都只有被超越的份啊。可就在那一瞬间,我已经实现了超越。那是我第一次在赛场上完成超越的"壮举"!

　　最后100米,我咬紧牙关,奋力向前,最终以小组第一的成绩挺进决赛。比赛结束后,同学们都上来拥抱我,和我一

起庆祝着。我第一次觉得同学们的鼓励如此温暖。

预赛之后,我发现自己变了,我开始变得自信起来。在决赛中,我开始享受同学们的加油和助威了,不再因为周围的情况而改变自己的策略,最终,我拿到了第三名的好成绩。那是我参加校运会以来的最好成绩。更重要的是,这场运动会让我意识到了——我可以。

从那以后,无论是在赛场上还是学习上,我都变得自信起来。在课堂上,我不再回避老师的眼神,而是开始主动举手回答问题。我发现,身边的同学也不再嘲笑我了。有时候,他们也会像我当初羡慕其他自信的同学那样,向我投来羡慕的目光。

我终于明白,自信是一种力量,也是一种魅力。只要我们自信而不自负,就会感觉心中特别有底气,在面对困难时不慌张、不焦虑,距离成功也更近一些。

直到很多年以后的现在,我依然很感激五年级的班主任老师,也很感激那一次的校运会经历。那次校运会不仅让我收获了比赛成绩,更收获了一颗自信的心。

(邱俊霖)

插上幻想的翅膀

儒勒·凡尔纳(1828—1905),19世纪法国著名的科幻小说和冒险小说作家,被誉为"科幻和探险小说之父"。1853年3月14日,儒勒·凡尔纳给父亲的一封信中这样写道:"我记得你老是说,青年时代没好好学习,后悔就太迟了!可是我看到的事情偏偏是:那些勤奋好学的孩子长大后反倒变得呆笨愚蠢了,这是怎么回事呢?"

这段话当然不适合大多数的人,但儒勒·凡尔纳这样说却有一定的道理。因为小时候的儒勒·凡尔纳确实太贪玩了,是个名副其实的捣蛋鬼。

儒勒·凡尔纳在菲多岛生活过,他常常和同伴来到港口看那些走南闯北的远洋帆船。船只的靠岸或起航,构成令人心醉的神秘的图景,这些船从省外开来又要开往什么地方去?无比遥远、神秘的异国他乡,让小儒勒总是幻想连连。他多么羡慕那些跟他同龄的少年见习水手,获得一份雇佣合同,便能登上海船,到充满奇迹的异国海疆去冒险!

小儒勒说:"每当我看见一艘船扬帆出海,我的整个儿身心便飞到了船上。"

11岁那年的夏天,这个淘气鬼不知道从哪儿打听到一艘叫"科拉利亚"号的远洋船正准备起航开往印度。让别人接受自己为少年见习水手,这显然不是一件容易的事,而且家人也肯定不会同意。怎么办呢?

小儒勒打听到在即将起航的这艘帆船上,有一个少年见习水手愿意出让雇佣合同。也就是说只要小儒勒拿出足够的钱,他就可以冒名顶替当一个少年见习水手。小儒勒高兴极了,他拿出自己全部的积蓄,很快就和人家达成了协议。

可是,要在什么地方,采取什么方式上船,才不致引起船长的注意呢?商量后他们决定,请另一个人帮忙,在航船即将起航之前,用一艘小舢板把小儒勒送到船上,与真正签约的见习小水手交换。

小儒勒为自己的远航梦想就要实现而无比兴奋。这天,小儒勒在清晨6点钟就悄然离开家。他穿过渐渐苏醒的村庄,直接来到海边,乘上了小舢板。一切都进行得挺顺利。趁大船起航的忙乱之际,他替换下了那个真正签约的少年见习水手。谁也没有发现他们的这场交易。

可是,天亮的时候,小儒勒的家人发现小儒勒不见了,立刻闹翻了天。起初,母亲索菲还以为儿子只是到外头溜达去了,时间一小时一小时过去。到了中午12点半,依然不见儒勒的影儿,索菲只好请求邻居骑上快马进城通知小儒勒的父亲。听说儿子失踪了,小儒勒的父亲也大吃一惊,赶紧发动亲友四处打听。有人说在教堂看见小儒勒,又有人说在通向海边的小岛上看见小儒勒。最后一位在小酒馆里喝酒的船员证实,他看见儒勒乘坐一艘小舢板,上了"科拉利亚号"远洋船;他还说这艘船要开往印度,晚上很可能在潘伯夫停靠。

儒勒的父亲皮埃尔火速搭上一条火轮船,及时赶到潘伯夫,在"科拉利亚号"上找到了自己的儿子!

小儒勒为此挨了斥责,还受了体罚,遭到禁闭。他不得不向母亲发誓说:"从今以后,我只在梦中才去旅行。"

儒勒这次的印度之行虽然因为父亲的阻拦没有成功,但他的父亲确实是一位好父亲。父亲对儿子的前途感到担忧,有时也对儿子的计划提出异议,但到头来他似乎总是比较容易地迁就儿子的愿望。比如,有一次小儒勒竟然想要购买一个证券经纪人的小股份,父亲虽然表示反对,但很快还是被说服了。尽管儿子经常有想入非非的念头,但父亲仍然爱他,总是尽量满足儿子的要求。

当然小儒勒跟他父亲也挺合得来,他把父亲当成一位同事和朋友,他曾经给父亲写过这样一封信:

"哈哈,我成了另一个人啦!我的精灵是个80岁的老头,他拄着拐棍,戴着眼镜,我变得如世界一般古老,如希腊七贤一般聪颖……您肯定认不出我来了……"

如果是那种唯我独尊的父亲,无疑会对儿子这样的冒犯感到气愤。但小儒勒的父亲却不会——他为儿子天才的幻想感到骄傲。

(庄　斌　陈彬铨)

剥了蟹壳才有肉

　　孩提时,记得我第一次吃螃蟹,母亲将烧熟的螃蟹端到桌子上。我看到那些泛着金色光泽的螃蟹,身子坑坑洼洼的,还张牙舞爪地伸出坚硬的细胳膊细腿,兴味索然地说道:"这螃蟹一点肉也没有,肯定不好吃。"

　　母亲拿起一只螃蟹,说道:"螃蟹外表看不到肉,只是因为它有一个坚硬的外壳,只有剥了蟹壳才有肉。"母亲说罢,剥开一只螃蟹的外壳,里面果然有一层厚厚的嫩肉;咬开那些细胳膊细腿,里面也有一条白嫩嫩的肉条,上面一点刺也没有。将蟹肉蘸上醋,放进嘴里,顿觉味美鲜嫩,余香绵绵。我不禁连声说道:"真好吃!"

　　从此,每当到了丹桂飘香的季节,我就嚷着叫母亲给我买螃蟹吃。母亲每次将烧好的螃蟹端上桌,总是对我说道:"剥了蟹壳才有肉。"

　　渐渐地,我吃螃蟹越来越有经验了,脱壳吃肉,一气呵成……

　　上学了,我认识了许多同学,许多人成了我的好朋友。但有一个绰号叫"调皮大王"的同学,我很瞧不起他,觉得他不好好学习,只会调皮捣蛋。我常对母亲说起"调皮大王",口气里满是轻蔑和不屑。

　　母亲听了,皱了皱眉头,说道:"螃蟹只有剥了蟹壳才有肉。一个人不能只看他表面,他内在的东西才是最重要的。"

　　母亲淡淡一句话,让我一下子愣住了。心想,一个人也有一层坚硬的蟹壳吗?

一天放学，"调皮大王"和几个同学在路上嘻嘻哈哈走着。突然，他闪电般冲到前面去，将前面一个女生用力推到一边。刹那间，一辆小车擦着"调皮大王"的身子开了过去。好险啊，如果不是"调皮大王"将那个女生用力推到一边，女生一定会被那辆小车撞倒。

女生惊愕了好一会儿才明白过来。她眼含泪花走到"调皮大王"跟前，不停地说着感激的话，还轻轻地拥抱了他。

我惊讶地发现，平时总是一副玩世不恭样子的"调皮大王"，此刻竟面带羞涩，局促不安起来，像个小姑娘似的……

从此，看到"调皮大王"，我仿佛看到他坚硬的外壳里面包裹着一颗柔软的心，成为我敬仰和学习的榜样。后来，"调皮大王"还考上了一所名牌大学，踏实努力就会成功一直是他人生奋斗的信条，从没有停止过奋斗的脚步……

永远不要轻易地去评论一个人，哪怕那个人对你很不友好，当他脱下坚硬的外壳，也许你看到的会是一颗柔软的心，关键时刻他能挺身而出，散发出人性的光芒。

(李良旭)

第8章 家教文萃

不是学的东西越多越好

什么班都给孩子报，什么才艺都想让孩子学，期望孩子样样突出、哪个方面都优秀，这显然是不理性、不现实的。

我们要明白孩子有潜质、有兴趣的事，他才愿意学，才可能学得好。孩子不擅长、没有兴趣、不想学的，硬是逼着他学，很难有好的结果。

做父母不能太贪心、太功利，不该一看到孩子"闲下来"就心慌，就想把孩子的时间填满，认为多学一些东西总归是好事。

要知道过度的学习和训练，带给孩子的是沉重的压力和负担，只会引起孩子的反感和抵触，自然难以实现家长要提升其素质与能力的目的。

其实，无论是学习知识，还是学习才艺、特长，并不是学的东西越多越好，而是要适度，要考虑到孩子的潜质、优势和意愿。

家长应该给孩子的自由成长和自主发展留有宝贵的时间和空间，要懂得"留白"。

要明白，一个疲惫不堪的孩子，少有快乐也难以成功。

（廉福录）

教育不是让孩子"听话"

"宝宝听话,妈妈就给你买玩具。""你怎么这么不听话?""今天听话了没有?"很多父母教育孩子,绝大多数喜欢用"乖""听话"之类语言,几乎成为家长与孩子交流的口头禅,把听话作为评判孩子的标准,似乎孩子听大人的话就是一个好孩子。一些父母以自己的孩子听话而自豪。日复一日,年复一年,在孩子心中形成了听话就是好孩子的思维定式,不听话的孩子是"淘气包",甚至是"差生""坏孩子"。

其实,"乖""听话",给孩子灌输的是遵守、顺从意识,在这种意识下培养出来的孩子有很强的依赖性,往往遇事畏首畏尾,没有主见,独立性差,不敢承担责任,没有创造激情;久而久之,墨守成规,从不敢越雷池一步,唯师长之命是听,迷失在"自我缺失"的环境里。

"听话"意味着无条件服从,不能发出不同的声音,不能表达独立的见解,不能有不合"规矩"的行为。同时,"听话"也意味着失去自己的个性,失去独立思考的能力!"听话"就是一副精神枷锁,牢牢地套住了孩子!家长不能为了培养"听话"的孩子,而扼杀了孩子的天性。孩子有问题提不出来,也不敢与长辈争辩,长此以往,心理也不健全。好孩子应该是充满自信心,并富有想象和创造精神的。也许他们有时并不按我们的指令去做,但只要他们说得出道理,有独到见解，做得有意义，即使不听话，也应该是好孩子。凡事都应该有一个度，至少，"听话"的要求不能成为"唯命是从"的奴化教育，而"不出格"也不能成为墨守成规、不追求创新的借口。

教育是让孩子明白是非，而不是训练他们"听话"，家长需要做的是，当孩子出现问题的时候，要正确引导，用道理去感化孩子，让孩子明白什么是"是"与"非"。因此，对孩子的教育首先要有正确的方法，而不是训练他们"听话"。家长和老师在教育孩子时，应尽可能少一点使用"乖""听话"之类的话语，多用一点"这样就能够怎样"句式，说清道理，循循善诱，让孩子理解并自觉遵从大人的意愿，"绝对要听话"的教育理念不可取。当然，对孩子的教育没有一定之规，应根据其天赋和个性来具体对待，教育更应该科学引导，不应一味压制，不能总以功利化的目的作为指导原则。少些灌输式说教、少些填鸭式逼迫，让孩子多一些自由学习与成长的空间，让其从内心深处生发出学习与完善自我的动力，这才是教育的应有之义。

（鲁庸兴）

第 9 章　忘年文苑

河下的韵味

前不久应文友邀约,去河下游赏古镇。我们穿过仿古牌楼,沿青麻石街道前行,挤不动的游人一眼望不到头。千年古镇拥有这般非凡的魅力,似乎每块街石都闪耀着绚丽的光彩,荡漾着历史的脚步和时代的回声。

对一个古镇而言,唯有人气才能赋予它鲜活的生命;对倾情于古风遗韵的我们,唯有深入街巷深处,才可探寻它的悠久历史和深厚文脉。河下街巷那墙角里的基石,瓦当下的苔藓,空气中浮动的桂花暗香,抑或某古朴的厅堂和精致的民居,都是我们寻访追索的对象。在古镇纵横交错的巷陌间来回漫步,街巷匀称严谨的铺地石板上,满是千年来无数行人的脚底磨出的印记。许多窗户和亭台轩榭,常见镂空精雕,匠艺奇巧。从狭深的巷道,鳞次栉比的旧式民居中,"嗅"到的全是纯正的河下民居古老的韵味。不惹眼的花巷 97 号,门口钉有"秦举人宅"的匾牌,走进去,仿佛穿越到一个久远的年代,既看到孤灯瘦影里的胸臆抒怀,也听到墨透纸背的落笔有声。在人来人往的脚下,河下的每一块青麻石,似乎都刻写着不为人察觉的故事,也在阳光明月、风霜雨雪的摩挲下,散发着朴素沉着的光芒。不经意间,就又撞见了《西游记》作者吴承恩的故居，走进了抗倭英雄沈坤状元府。于是肃然而立，回想他们的风姿与气节，一段段历史的感怀，油然自心中升起……

让淮安人引以为傲的是，处处绿荫掩映，雕梁画栋、牌匾楹联林立密布，古典建筑的美学范式和创造精神在这里体现得淋漓尽致。古色古香的河下古镇是国家5A级景区。因水而闻名的河下古镇，历史上曾走出过许多名人志士，如群星璀璨，风起云涌，名冠华夏。他们都用经典华章，润泽过这一片街巷，留下过身影足迹。在唐代有诗人赵嘏，宋代有抗金巾帼英雄梁红玉，清代有朴学大师阎若璩、考据学者吴玉、名翰林程晋芳、数学家骆腾凤，还有长篇弹词《笔生花》作者邱心如，围棋国手梁魏今，道光皇帝御先生、礼部尚书、都御史汪廷珍等。明清达到鼎盛，出了进士67名，且状元、榜眼、探花齐全。此外还出了举人123名、贡生140余名，翰林11名，素有"中国进士之乡"美称。一位文友说，"这样的访古寻幽，才会在心里留下对这座古镇、这片街巷的温馨记忆"。

漫步湖嘴街，商店、作坊、饭店等弥漫着烟火气，门前站着的姑娘、小伙或老头、老太，笑着向你点头，等你寻问购物，那亲切谦和的淮语楚音，如温润的微风轻拂耳边。走进湖嘴街104号九旬高龄的周桂生老先生的家中，他满头闪光的银发，虽三言两语，却让人迅速沉静下来。近些年，老街邻和子女们都搬进了高楼大厦，他却坚持留下。岁月的气味，唤醒他很多记忆。几十年间，湖嘴街旧民居和两侧建筑排危加固，管网改造，修旧如旧的变与不变，使周老先生和湖嘴大街像是生命的友伴，一起见证着河下的似水流年，日新月异。

　　历史可溯源至唐宋时代的河下，成为当下淮安少有的、保留着千年街巷格局和历史遗存的古镇。改造开始时，我常来古镇古街，不时来观看施工，猜度未知的悬念，期待古镇的街巷依然保留历史的风味。坐在文楼里，用一个汤包，就可验证河下百年积攒的口碑。正是蟹黄汤包的鲜美汤汁激活了游人的味蕾，引得更多游人穿越车水马龙，来店里大快朵颐。如今，游客们坐在桌前，吸着汤汁、端着酒杯、品尝着淮扬美味，欣赏经过不断改造的河下古镇。这里通过清理、嵌入、重构、修旧如旧等手法进行更新，用明清民居的新风貌，承载老河下的旧回忆。既"崭新"地还原古镇文物建筑，也守住了这千年古镇的根基，锁住了历史的脚印。眼下的河下已成为集园林、文化旅游于一体的全民休闲之地，既有时下的风采，也不失古镇旧日的韵味。

　　一天中，一缕秋风，几声喧闹，夕阳归隐后的墨灰和夜晚的霓虹，变幻着古镇的形态，无论孤寂抑或喧闹，都潜流着无尽的生命活力。历经时代风雨的万丰大戏楼里，正在进行地方传统戏曲的表演。热闹的古街有了美妙的淮腔淮调，吸引着众多游客驻足流连，也见证着当今的繁华。只见几架相机，对着一群活泼的年轻人灿烂的笑容，用镜头捕捉美妙的一瞬。

（张顺志）

"酒肉朋友"

"酒肉朋友",这名声不雅,好像交的尽是些酒鬼,把自己跌到了九流之下。我不这么看。正和老婆怄气,一个朋友来电话了,叫我到他家去喝一杯消消气。一盘猪耳朵,一盘猪大肠,一瓶"洋河",有酒有肉。朋友说:"回去向嫂子道个歉,老夫老妻了,闹什么别扭。"这话入耳,回家后照办了,怨气顿时烟消云散。看"丰田杯",一个朋友来电话叫我到他家去,一边看球,一边喝酒。我去了,一盘猪耳朵,一盘猪大肠,一瓶"洋河",有酒有肉有球看,兴味猛增。这些朋友的酒与情,都是很纯正的。

我家从机电公司宿舍搬到市委东大院,许多"酒肉朋友"自告奋勇要帮我搬家,条件是一盘猪耳朵,一盘猪大肠,外加好酒。我说:行!浩浩荡荡,两趟头,家全搬了。我孩子的大姨妈意外去世,又是这帮朋友,忙前忙后:给亲友发电报,买寿衣,与殡仪馆联系等等,但无一人提猪耳朵、猪大肠与酒的事。朋友和我们家一同承受着痛苦。

我从小就听大人说过,在家靠父母,出外靠朋友。这话不全对,但朋友是不能没有的,各式各样的朋友都要有,当然择友交友,很难。我不喜欢那些好为人师,施恩图报,以自我为中心的人,怕和他们相交。上小学时曾有个好朋友叫钱大头,他处处要强,打乒乓球他得第一个打,下河游泳,他却叫我先下,要我试试水冷不冷。这种人太自私,我后来就与他疏远了。至于那些一阔脸就变,只愿居于人上不愿居于人下,甚至算计人的人,我是绝对不敢交不愿交的。我宁可交

"酒肉朋友"。

"酒肉朋友"们的年纪都渐渐老了,豪情大不如前。我20岁时就结交的好友徐子文,一顿吃三斤猪肉,七分肥三分瘦,还能再喝一大搪瓷杯酒,不下八九两吧,现在只有看人吃的份。还有的朋友,不是高血压,就是心脏病,或糖尿病,都戒酒了,现有的"酒肉朋友"屈指可数,心中好生惆怅。好在又交了一些年轻的"酒肉朋友"。看来,这"酒肉朋友"尽管口碑不佳,还是断不了线的。

积几十年的经验,要排除心中的块垒或遇到的困难,交几个"酒肉朋友"(指感情志趣投和、肯帮闲又肯帮忙的朋友)最好。

(孙盛元)

第10章 教师手记

关爱学生就是多为学生着想

下午点名的时候,年级政教主任布置了一个任务:第七节班会课,所有班主任带领本班男女生舍长对宿舍和教室进行全面大搜查,将违禁物件诸如手机、课外书、管制刀具、镜子梳子等统统收缴上来。

盲从的人听风就是雨,不管对错,执行到底。智慧的人则不然,他会思考,更会选择,知道把负面影响降到最低,积极效果提到最高。首先第一个问题是两名大男生进入女生宿舍搜查。初二女生,年龄不大,但也不太小了,她们正处于青春期,宿舍内难免会展示出女性的特殊用品。如果被男生看到或被男生触摸过,那女生的感觉将会怎么样呢?

关爱学生,应该多为学生着想,哪怕是一个小小的细节。

检查女生宿舍时,我让两名男生站在宿舍门口等着,两名女生进宿舍看看,并提出要求,查的物件放到原处,保持宿舍的整洁。

检查结束往回走的时候,有个女生匆匆跑来,红着脸略带责怪地说:"杨老师,你怎么把男生带到我们宿舍来了!"

我还没有来得及回答,两名女生舍长帮我说话了。

"两个男生根本就没有进我们的宿舍!"

这位女生脸更红了,一声谢谢后就跑了。

我很满意自己的做法。

检查男生宿舍时,我根本就没有带两名女生同去。

第二个环节是检查教室。课外书一般放在桌肚,很容易查到,但手机放在桌肚里,恐怕就少了。怎么办呢?硬搜的话,一定没有收获,且会引起同学们的反感。

再说,如果学生把手机装在身上的话,该不会一个个去搜身吧!

我想起看过的一个故事:

暖风和冷风比赛谁的本领更大。他们看到一个穿棉袄的人,决定了比赛的内容:谁能让那个人脱掉棉袄,谁就获胜。

比赛开始了。

冷风强劲地吹着,那个人不仅没有脱掉棉袄,还把棉袄裹得更紧。冷风最终以失败告终。

暖风徐徐地吹着,那个人挥手擦擦额上的汗珠,慢慢地解开棉袄上的扣子,脱下了棉袄。

目的相同,方法不同,效果自然也就不同。

班会课时,我并没有像别的班主任那样,将学生赶出教室,兴师动众地进行大搜查。而是跟同学们讲起了诚信,谈起了年级组搜查的初衷,又跟同学们谈谈自己的看法,又向同学们征求一下处理意见。最后在师生的一致同意下,请同学们自己汇报三个方面的情况。

两名同学带了削铅笔的小刀,并不能定位为管制刀具,五名同学有课外书,请交还给书的主人。

统计带手机的人数时,还是让我有点儿惊奇的:14名同学带手机进校。我班48人,占总人数的四分之一还多。

怎么处理呢?自古法不责众,是堵还是疏?学生是否能带手机进校,一直还没形成定论。

中午,我将13个学生(有1个平时带手机到学校的学生请假未来)请到办公室,就像是问卷调查。

调查情况如下:

手机来源:家长特意买给孩子的5人,使用家长旧手机的7人,1人使用的是他弟弟的手机。

手机用途:跟家长联系的10人,自己玩的3人。

使用手机的时间:课间和熄灯后。

上网聊天、玩游戏:13名学生用手机玩游戏,有10名学生曾用手机上网聊天。学生们网聊的对象多为同学、亲友、师长,无不认识的社会上的聊友。

带手机来后的感受:因为学校一直禁止带手机进校,感到有一种负罪感;装在身上怕掉了,放在宿舍怕被偷了,放在桌肚又怕被老师发现;白天不敢玩,熄灯后玩手机总是提心吊胆……总之一句话,带手机到学校是一种煎熬。

是不是非带手机不可:只有一名学生认为必须带手机进校,因为熄灯后有同学乱讲话,影响了他的睡眠,为了分散注意力,他利用手机看长篇小说。

处理意见:1名学生同意把手机交给班主任代管,12名学生准备周五带回家,以后不再带来。

我们班近两周来提倡"自主管理",手机管理是不是把"自主管理"发挥到了极致呢?

在融洽的气氛中,在诚信、尊重的基础上,在老师的循循善诱下,学生心甘情愿地将手机带回家。

如果按部就班地大搜查,结果会怎样呢?多为学生想一想,很多问题都能化解于无形之中,因为爱是万能的!

(杨培银)

第 11 章　他山之石

费曼和他的父亲

费曼 1918 年 5 月 11 日出生于美国纽约，父母都是犹太人。费曼是美籍犹太裔物理学家，加州理工学院物理学教授，1965 年诺贝尔物理学奖得主，20 世纪最重要的物理学家之一。

费曼对任何事物都拥有强烈的好奇心，除了研究物理学，他还有很多传奇的经历，比如破解保险柜密码、演奏手鼓、破译玛雅象形文字、绘画甚至调查航天飞机失事。费曼的天分很大程度上来源于父亲的教育。费曼的父亲会维修收音机，会带小费曼观察自然，并擅长用简单的语言传达深刻的道理。让我们一起来看看，费曼回忆中的父亲是如何带给他启发的。

小小科学家

费曼说："在我出生前，我父亲对母亲说，要是个男孩，那他就要成为科学家。"当我还坐在婴孩椅上的时候，父亲有一天带回家一堆小瓷片，就是那种装修浴室用的各种颜色的玩意儿。我父亲把它们叠垒起来，弄成像多米诺骨牌似的，然后我推动一边，它们就全倒了。过了一会儿，我又帮着把小瓷片重新堆起来。这次我们变出了些复杂点儿的花样：两白一蓝,两白一蓝……我母亲忍不住说:"唉,你让小家伙随便玩不就是了?他爱在那儿加个蓝的,就让他加好了。"可我父亲回答道:"这不行。我正教他什么是序列,并告诉他这是多么有趣呢!这是数学的第一步。"我父亲就是这样,在我还很小的时候就教我认识世界和它的奇妙。

恐龙到底有多大?

我家有一套《大英百科全书》,父亲常让我坐在他的膝上,给我念里边的章节。比如有一次念到恐龙,书里说:"恐龙的身高有25英尺,头有6英尺宽。"父亲停顿了念书,对我说,"唔,让我们想一下这是什么意思。这也就是说,要是恐龙站在门前的院子里,那么它的身高足以使它的脑袋凑着咱们这两层楼的窗户,可它的脑袋却伸不进窗户,因为它的脑袋比窗户还宽呢!"就是这样,他总是把所教的概念变成可触可摸、有实际意义的东西。

我不敢想象居然有这么大的动物,而且居然都由于无人知晓的原因而灭绝了,觉得兴奋、新奇极了,一点也不害怕会有恐龙从窗外扎进头来。我从父亲那儿学会了"翻译"——学到的任何东西,我都要琢磨出它们究竟在讲什么,实际意义是什么。

简单却又深刻的道理

我父亲培养了我留意观察的习惯。一天,我在玩马车玩具。在马车的车斗里有一个小球。当我拉动马车的时候,我注意到了小球的运动方式。我找到父亲,说:"嘿,爸,我观察到了一个现象。当我拉动马车的时候,小球往后走;当马车在走,而我把它停住的时候,小球往前滚。这是为什么呢?"

"这,谁都不知道。"父亲说,"一个普遍的公理是运动的物体总是趋于保持运动,静止的东西总是趋于保持静止,除

逼着孩子学习不如让他会玩

崔妈妈的家庭属于韩国社会中的中产阶级。可是,她4岁的儿子明镐性格非常内向,上了几个月的幼儿园还不能和小朋友们玩到一起,对于老师教的课也不感兴趣。但他非常喜欢体育运动,因此崔妈妈费尽心思找到了一家"体育幼儿园"。这家幼儿园里的孩子们一周可以上4次游泳课,其他时间也多是体育活动,最有意思的是星期三,一整天都是玩沙子,小明镐很快就变得非常爱去幼儿园。崔妈妈认为,虽然明镐在其他课程上会与普通幼儿园的孩子有点差距,但性格能变得开朗、自信对他来说是最重要的。

崔妈妈的这种做法得到了教育专家的首肯。韩国心理医生申宜真就认为:"在孩子1~3岁这个时期,他们的大脑的确在飞速地发展。但是,如果因此就希望使用一些人为的手段对他们的大脑进行开发,那么这样的想法是非常危险的。"她还警告说:"在孩子还非常幼小的时候,就强迫他们学习的话,很可能会增加他们的暴力倾向。同时,由此而产生的各种压力还会对他们的大脑造成损伤。"

她建议妈妈们说:"在儿童时期,如果可以充分地激发孩子们的好奇心的话,就可以使他成为一个学习非常优秀的孩子。在孩子长到5岁之前,与其教他们电脑,让他们读书,还不如让他们和同龄的孩子们在一起尽情地玩耍、画画、做各种各样的游戏。父母给他们创造这样的环境是非常重要的。"

(张 静)

非你去推它。这种趋势就是惯性。但是,还没有人知道为什么是这样。"你瞧,这是很深入的理解,他并不只是给我一个名词。

他接着说:"如果从边上看,小车的后板擦着小球,摩擦开始的时候,小球相对于地面来说其实还是往前挪了一点,而不是向后走。"

我跑回去把球又放在车上,从边上观察。果然,父亲没错——车往前拉的时候,球相对于地面确实是向前挪了一点。

我父亲就是这样教育我的。他用许多这样的实例来讨论,我没有任何压力,只是兴趣盎然地与他讨论。他在一生中一直激励我,使我对所有的科学领域着迷,我只是碰巧在物理学中建树多一些罢了。

从某种意义上说,我是上瘾了——就像一个人在孩童时尝到什么甜头,就一直念念不忘。我就像个小孩,一直在找前面讲的那种奇妙的感受。尽管不是每次都能找到,却也时不时地能做到。

(王玲摘自《费曼自传》)